KB128242

프리워커스

일하는 방식에 질문을
던지는 사람들

Mobills Group | 팀

모빌스는 일하는 방식을 실험하는 크리에이티브 그룹이다.
브랜드 '모베러웍스'를 전개할 뿐만 아니라 다양한 분야의
파트너들과 협업해 문제를 해결하고, 일하는 과정을 유튜브 채널
'모티비'에 기록한다. 모빌스는 멤버들의 뚜렷한 개성이 조화롭게
어우러지는 그룹사운드의 모습을 지향하며, 재미있고 유쾌하게
일하는 문화를 만든다.

Mobetterworks | 브랜드

"A Little Joke for Free Workers"
모베러웍스는 일하는 사람들에게 유쾌한 농담을 던지는 브랜드다.
온라인과 오프라인, 제품과 콘텐츠의 영역을 넘나들며 더 나은 일의
방식을 제안한다. 브랜드를 전개하는 과정을 모두 '모티비'를 통해
공개하고 있다.

MoTV | 미디어

모티비는 모빌스의 활동을 기록하고 생각을 보여주는 미디어다.
브랜드 '모베러웍스'를 만들어가는 과정을 담은 오리지널 시리즈
<모춘 브랜드 제작기>로 시작해 <현실 조언> 시리즈, <누브랜딩>
시리즈 등으로 영역을 확장했다. '모쨍이'라 불리는 팬덤을 형성하며
일하는 사람들을 위한 유튜브 채널로 자리 잡고 있다.

ASAP - AS SLOW AS POSSIBLE

"오래오래 재미있게 일하려면 어떤 방식으로 일해야 할까?"

모베러웍스는 일하는 방식에 대한 물음으로부터 시작했다.

모두가 '아삽(ASAP, As Soon As Possible)'을 외치는 시대,

빠른 속도에 맞춰 일하다 소진되어 버린 우리 모습에 변화가

필요하다고 생각했다. 모베러웍스의 ASAP은 'Soon'이 아닌

'Slow'다. 빠르게 해야 한다는 압박에서 벗어나, 천천히 자기만의

속도로 해도 괜찮다는 메시지를 전하고 싶었다.

MoTV 모춘 브랜드 제작기

모티비라는 유튜브 채널을 개설해 퇴사 후 브랜드를 만드는 과정을
공개했다. 의류 제작 공정부터, 동료들과의 협업, 수차례의 위기까지
가감 없이 담으며 브랜드와 소비자 간의 새로운 관계를 만들었다.

마스코트 모조(Mojo, the Free Bird)

자유를 상징하는 마스코트 모조를 만들고 우리가 이루고 싶은 꿈을
투영했다. 모조는 매사에 여유 있는 성격으로, 가능한 천천히
일하며 자유롭게 떠도는 철새, 프리 버드다. 좌우명은 'Small Work
Big Money'. 어딘가 나사가 풀린 듯하고 실없지만 유쾌한 매력의
소유자다.

ASAP 시그니처 제품 라인의 확장

ASAP 후드와 맨투맨 의류로 시작해 트레이, 컵, 텀블러와 같은
생활용품, 펜과 노트 등의 문구류, 협업으로 만든 양말까지 제품
라인을 확장했다. 모베러웍스 고유의 빈티지 무드에 담긴 위트 있는
메시지, 'ASAP, As Slow As Possible'은 모베러웍스의 상징으로
자리매김하고 있다.

DO NOTHING CLUB

모베러웍스가 생각하는 '프리워커(Free worker)'는 스스로
일하는 방식을 찾는 주체적인 사람이다. 배달의민족 퇴사 후
백수 생활을 선언한 숭과 규림은 모베러웍스의 프리워커를 상징하는
페르소나였다. 무슨 일이든 해야 한다는 압박에서 벗어나,
'하고 싶지 않은 일을 하지 않는다(Do Nothing)'고 말하고 싶은
사람들을 위한 물건을 만들었다.

서울 - 발리 - 제주 워크샵

두낫띵클럽(Do Nothing Club)을 결성한 숭, 규림 듀오와
함께 아이디어를 기획하고 실현해 나가는 과정을 모티비를
통해 중계했다. 서울에서부터 발리, 제주를 오가며 재미있게
일하는 모습을 보여줬고, 많은 사람들에게 모베러웍스의 일하는
방식을 알리는 계기가 됐다.

두낫띵을 위한 제품

메시지에 공감한 사람들이 실제로 '두낫띵' 하는 경험을 위한
제품을 만들었다. 평소에는 스툴로, 두낫띵 하고 싶을 땐
흔들의자로 사용할 수 있어서 다른 생각을 하지 않도록 도와주는
DO NOTHING CHAIR, 하지 않을 일의 목록을 적는
NOT-TO-DO LIST, 나의 룰은 내가 만든다는 뜻을
담은 NO RULES NOTEBOOK 등의 제품을 선보였다.

501 노동절 잔치

5월 1일 노동자의 날, 두낫띵 하고 싶은 노동자를 위한
팝업 스토어를 열었다. 두낫띵클럽의 창단 히스토리와 결과물,
모베러웍스의 마스코트인 모조 스테츄(statue), 윈도우 그래픽
(window graphic)으로 공간을 구성했다. 모베러웍스의 메시지에
공감한 사람들이 전시와 제품 구매를 즐기고, 클럽 입단 원서를 쓰며
유쾌한 노동절을 보내길 바랐다.

인스타그램, 제주맥주와의 콜라보레이션

모베러웍스의 메시지에 인스타그램과 제주맥주가 공감하며
노동절 잔치에 함께하고자 했다. 인스타그램과 협업해
메시지를 담은 마스킹 테이프와 스티커를 만들었고, 제주맥주와
한정판 맥주를 만들어 노동절 잔치에 온 사람들에게 선물했다.

MONEY TALK

'돈(money)'은 일하는 사람과 뗄 수 없는 관계다.

적게 일하고 많이 버는 'Small Work Big Money'는 일하는 사람의
꿈이지만, 대놓고 부자가 되고 싶다고 말하긴 왠지 껄끄럽다.

"어느 날 부자가 된다면 어떨까? 일하는 사람에게 돈이란 뭘까?"

모베러웍스의 방식대로, 유쾌하고 솔직하게 돈 이야기를 하고 싶었다.

새로운 캐릭터 미스터 티엠아이(Mr. TMI, Too Much Income)

모베러웍스의 마스코트, 프리 버드 '모조(Mojo)'가 프리워커의 상징이라면, 새롭게 탄생한 캐릭터 '미스터 티엠아이(Mr. TMI)'는 모조의 꿈을 표현한다. 지폐 모양의 캐릭터 미스터 티엠아이는 일하는 사람들의 꿈을 그린 영수증을 발행한다.

모티비의 구독자, 모쨍이들과의 협업

세 번째 시즌은 메시지를 만드는 일부터 구독자와 함께 하는 실험을 했다. '¥€$', 'TMI, Too Much Income', 'TMI의 집은 ATM'과 같은 위트 있는 아이디어들이 모였고 이를 캐릭터와 제품, 콘텐츠에 적용했다.

450여 개의 영수증 발행

"만약 당신에게 투 머치 인컴(Too Much Income)이
생긴다면?" Mr. TMI가 던진 질문에 사람들은 각자의 꿈에 대해
얘기했고, 실현된 꿈이 그려진 영수증을 선물했다. 스케치하고,
스캔을 받고, 디자인 작업을 거친 후 하나씩 투 머치 인컴
인스타그램 계정(@toomuchincome)에 올리며, 각자의
아이디를 태깅했다. 많은 사람들이 발행된 영수증을 다운받아
부적처럼 사용했고 리그램하면서 콘텐츠가 확대 재생산됐다.

6주간의 머니 토크 라이브

6주에 걸쳐 일하는 모쨍이들을 초대해서 함께 돈 이야기를
나누었다. 직장인의 재테크, N잡 노하우, 연봉 협상 팁, 프리랜서
비용 협상법 등 평소에 하기 힘들었던 돈 이야기를 허심탄회하게
나누고 이를 라이브로 송출했다. 라이브가 끝난 후, 진행했던
모든 과정을 다큐멘터리 형태로 제작해 모티비에 방영했다.

더 나은 일을 위한 여덟 개의 질문

덜컥 출판 계약을 했다. 넷플릭스의 ≪규칙 없음≫을 펴낸 RHK
출판사로부터의 제안이라기에 혹하는 마음이었다. 계약을 했을 때가
2020년 11월, 모베러웍스를 론칭한 것이 2019년 11월이니 고작
1년 된 브랜드가 넷플릭스의 책을 들먹이며 출판을 결심한 것이다.
글을 쓰려고 모니터를 켠 순간 아차 싶었다.

하지만 한편으로 시작 지점에 서 있는 우리만이 할 수 있는 이야기가
있을 거라는 생각이 들었다. 대단한 이야기는 아닐지라도 다른 누가
할 수 없는 이야기를 해볼 수는 있겠다고.

책을 쓰며 '누구를 위한 책일까?'에 대해 많이 생각했다.
우리는 이 책이 모두를 위한 것이 아닌 누군가를 위한 책이 되길
바랐다. 그리고 그 누군가는 우리 같은 사람이라고 상상했다.
더 정확하게는 오래 일해온 방식에 의문을 품고 새로운 일을 꾸미기
시작하던 시점의 우리. 삶에서 일은 끊임없이 물음표만을 남기고,
어떤 방향을 좇아야 할지도 모르겠고, 알 수 없는 억하심정에 휩싸여
지내던 그때의 우리들을 위해 썼다. 스스로 일하는 방식을 바꾸기
위해 애쓰는 누군가가 있다면, 그 사람에게 이 책이 하나의 힌트가

되어줄 거라고 생각하며.

새로운 방식으로 일해보겠노라 마음먹은 기로에서 던진 여덟 개의
질문들로 구성했다. 퇴사를 앞두고 '지금 어떻게 일하고 있나?'
자신에게 물었고, '뭐부터 시작해야 하지?'라는 질문을 던지며
새로운 일을 꾸미기 시작했다. '무엇을 만들 수 있을까?'라는 물음표
뒤에 모베러웍스라는 브랜드가 만들어졌고, '어떤 태도로 일할
것인가?'라는 질문은 우리 팀의 존재 이유가 됐다. '어떻게 우리를
알리지?'라는 고민은 새로운 협업 방식인 느슨한 연대를 만들어냈고,
'팬을 모을 수 있을까?'라는 자신 없는 물음표는 '모을 수 있다!'는
느낌표로 바뀌었다. '왜 함께 일하나?'라는 질문은 개인의 한계를
뛰어넘는 팀의 위대함을 깨우치게 했으며, 마지막으로 이 책을 쓰며
던진 '어떤 팀이 되고 싶은가?'라는 물음은 ≪프리워커스≫라는 책
제목으로 정리됐다.

우리가 생각하는 프리워커스란 스스로 일하는 방식을 찾는
주체적인 사람들이다. 회사에 소속되어 있든 아니든, 혼자 일하든 함께
일하든 프리워커가 되는 건 일을 바라보는 태도의 문제라는 결론을
내렸다. 일하는 형식이나 위치에 관계없이, 내가 내 일의 주인이라면
프리워커다.

독자들이 책을 읽으며 우리와 같은 질문을 품어보길 바란다. 아마 정답은 찾을 수 없을 것이다. 일이란 정답 없는 모험이므로. 하지만 한 발짝 먼저 모험에 뛰어든 사람으로서, 엉터리 무용담과 개똥철학도 모아보니 우리만 할 수 있는 이야기가 되었다고 말하고 싶다. 더 나은 일을 찾았냐 묻는다면 아직은 어렴풋하지만, 예전보다 재미있게 일하고 있다는 것만큼은 힘주어 말하고도 싶다. 우리 이야기가 정답은 아닐지라도 더 나은 일을 좇는 누군가에게 하나의 레퍼런스쯤은 되어주리라 믿는다. 여덟 개의 질문 끝에, 그리고 우리 일의 연대기 끝에 각자의 모험을 시작할 수 있길 바란다.

들어가며

1. 지금 어떻게 일하고 있나?

이렇게 일하는 게 맞나?

우리가 일을 시작한 20대 중후반 무렵부터 10여 년이 지난 지금까지의 인생 곡선을 그려보면, 각자의 인생 곡선은 노동의 양과 질에 따라 출렁인다. 곡선의 커브는 간간이 연애나 결혼, 친구나 가족의 영향으로 소폭 움직이긴 하지만 주로 이직이나 맡았던 일에 따라 치솟거나 아래로 곤두박질친다. 일을 시작한 이후로 줄곧 하루의 3분의 1쯤은 노동을 해왔으니 인생 곡선을 움직이는 가장 큰 변수가 노동인 것은 놀라운 일도 아니다.

일이 인생에 있어 이렇게나 큰 비중을 차지하고 있으면서도 일에 대해 진지하게 생각해 본 지는 그리 오래되지 않았다. 모춘과 소호가 10여 년의 커리어를 쌓고 2019년 11월 브랜드 모베러웍스를 만들기까지의 시간을 X축으로 그린다면, 고민의 시작 지점은 2019년쯤. 고작해야 지금으로부터 1, 2년 전부터 시작된 생각이다. 10년 노동의 끝 무렵에 왔을 때 비로소 그동안 일해온 방식이 한계에 다다랐음을 의식하기 시작한 것이다.

'지금껏 일해온 방식에 문제라도 있나?', '새로운 방식으로 일할 수는 없을까?', '우리 인생에서 일이란 뭘까?' 물음표가 꼬리에 꼬리를 물수록 우리의 인생 곡선은 차츰 아래로 향했고, 그러다 실낱같은 실마리

29

를 발견할 때면 조금씩 상승세를 탔다.

곡선이 드센 파도처럼 굽이치기 시작한 건 언제부터였을까? 굴곡이 시작되는 지점을 찾아가자면 인생 곡선 X축상에서 조금 더 왼쪽으로 눈을 돌려야 한다. 회사를 운영하고 있는 소호, 모춘, 대오의 인연이 시작된 2013년으로 거슬러 올라간다.

우리는 라인플러스 LINE Plus 라는 회사에서 만났다. 입사한 시기는 2013-14년. 네이버의 모바일 메신저 서비스 라인 LINE 이 일본에서 국민 서비스가 되고, 수억 명의 글로벌 이용자 수 기록을 연일 갱신하던 때. 소호는 브랜드 디자인팀 소속 기획자, 모춘과 대오는 디자이너로 입사했다. 입사 전 소호는 브랜딩 에이전시 플러스엑스 Plus X 를, 대오는 토탈임팩트 Total Impact 와 텍스트 스튜디오 Text Studio 를, 모춘은 프리랜서 일러스트레이터부터 자영업, 에이전시 제이오에이치 JOH&Company 를 거쳤다. 라인은 문턱이 높은 대기업 같아 보이지만 당시 사업이 급성장하면서 필드의 인력들을 대거 끌어모으던 시기였기 때문에 비교적 쉽게 들어갈 수 있었다.

우리는 코흘리개였다. 주니어에서 시니어로 가기 전 정도의 연차였는데, 스스로는 일 좀 한다고 우쭐댔지만 모르는 것투성이에 엉성하게 아는 척만 하느라 바빴다. 와중에 혈기는 드높아서 야근하며 밤새 술도 마시고, 연애도 하면서 왕성한 회사 생활을 했다. 우리들의 커리어가 어디로 흘러갈지 상상도 하지 못하는, 매일이 산만한 때였지만 돌이켜 보면 그때가 상승 곡선의 시작 지점이었다.

IT 서비스 기업으로 시작한 라인플러스는 모바일 메신저 속 캐릭터가 인기를 끌기 시작하면서 캐릭터 사업을 본격화했고, 2015년에 이를 위해 라인프렌즈 LINE FRIENDS 라는 독립 법인을 만들었다. 우리 셋을 포함해 공간, 제품 등 오프라인 사업 베이스의 브랜드 기획 및 디자인 인력들은 대부분 라인프렌즈로 배치됐다. 분사 후 라미 LAMY 나 브롬튼 BROMPTON , 뱅앤올룹슨 B&O 과 같은 글로벌 브랜드와의 콜라보레이션, 도쿄·홍콩·상해·뉴욕 등 전 세계 주요 도시에서의 글로벌 테마파크형 스토어, 라스베이거스 라이선싱 쇼, 전시회 등 기존의 캐릭터 사업에서 시도하지 못한 일들을 많이 벌였다.

치열하게 일했다. 대기업 산하에서 느낄 수 있는 안정감과 스타트업 초창기에만 경험할 수 있는 급성장의 짜릿함을 모두 누렸다. 자유와 책임의 문화 속에서 회사도 개인도 쑥쑥 컸다. 모춘과 대오는 일본·중국·대만·미국 등 세계 각지로 출장을 다니며 공간의 BX(Brand eXperience, 브랜드 경험) 디자인을 담당했다. 윈도우 그래픽(window graphic), 스테츄(statue), 사이니지(sinage), 간판 등 사람들이 공간에서 경험하는 브랜드 요소들을 디자인하는 일이었다. 공간 브랜딩뿐만 아니라 제품 디자인, 달력이나 다이어리 같은 사내용 제품 디자인까지 전천후로 했다. 소호는 브랜드 마케팅 팀에서 브랜드 기획을 했고, 초기에는 카페 사업 기획을 담당했다. F&B(Food&Beverage) 메뉴 기획과 제작부터 공간 콘셉트, 마케팅과 운영 플랜까지 모두 맨땅에 헤딩하듯 일했다. 당시 회사 분위기가 그랬다. 한 번도 해보지 않은 일을 한 사람이 도맡아서 해냈다. 야근도 주말 출근도 많았지만 재미있었다. 불모지를 비옥한 땅으로 가꿔나가는, 일의 묘미를 경험한 시기가 아니었을까 생각한다. 우리 세 사람 모두 큰 상승 커브의 꼭짓점이 이 언저리에 찍혀 있을 것이다.

5년간 성장을 거듭한 회사는 점점 체계를 갖추어갔지만, 회사의 성장세에 비해 개인의 성장은 둔해지기 시작했다. 정점을 찍은 곡선이 맥없이 아래를 향하기 시작한 것은 그때부터였던 것 같다. 무작정 뛰어들어 일하던 때와 다르게 여러 절차와 관리자가 생겼다. 훨씬 안정적인 환경에서 일했지만 반복되는 일이 많아졌고, 일 외적으로 해야 할 일이나 일만으로 뚫리지 않는 벽들이 많아졌다. '이렇게 일하는 게 맞나?'라는 의문이 계속 머리를 맴돌았다.

2018년 하반기, 대오를 포함해 가까운 동료들이 하나둘씩 새로운 경험을 찾아 떠났다. 어느새 바닥을 찍은 커브는 좀처럼 올라올 기미가 보이지 않았다.

무기력과 번아웃

"왜 퇴사하셨어요?"

우리가 가장 많이 받는 질문 중 하나다. 왜 번듯한 직장을 두 발로 차고 나왔는지 궁금해한다. 한마디로 설명하기는 어렵지만 회사를 그만둘 무렵 우리의 하루를 들려주면 답이 될까.

소호는 대체로 무기력하다. 졸린 눈을 비비며 출근, 커피로 애써 잠을 깨운다. 오전에는 왜 참석해야 하는지 영문도 모르는 회의, 오후에는 가능한 피하고 싶은 회의에 참석한다. 남은 시간은 회의 때 불거진 감정을 추스르거나 따라가지 못한 일을 수습하는 데 쓴다. 마음을 다잡고 일을 해보려 하지만 도무지 일이 손에 잡히지 않는다. 멍한 채로 하루를 보내는 날도 부지기수다.

모춘은 대체로 과열되어 있다. 아이스 커피를 연거푸 마시며 잠을 쫓아낸다. 릴레이처럼 이어지는 회의 속에서 해결해야 하는 아젠다(agenda)가 쌓여간다. 좋아하는 동료와 일, 상사로부터의 인정. 분명 더할 나위 없는 회사인데 왜 점점 지쳐갈까? 갈수록 커지는 조직과 늘어나는 일의 양, 책임감에 허우적거리며 하루를 보낸다. 온 에너지를 회사에 쓰고 집에 돌아오면 온몸이 녹아내린다.

한 연예인이 방송에서 공황 장애를 겪고 있다는 사실을 공개한 이래로, 정신 질환처럼 여겨져 내보이기를 꺼려하던 병이 감기처럼 흔히 앓을 수 있는 질병이 됐다. 그때부터였을까, 우리를 포함해 주변의 동료들도 조심스레 각자의 증상을 호소하기 시작했다. 공황 증세뿐만 아니라 편두통, 디스크, 이명증, 고지혈증, 당뇨, 종양…. 때로는 여기가 회사인지 종합 병원인지 모를 정도로 다양한 질병에 시달리고 있었다. 몸이 아닌 마음으로 반응이 나타날 때는 시도 때도 없이 눈물이 난다거나 갑자기 화가 치밀기도 했다. 번아웃 증후군이라는 말도 지금이야 흔하게 쓰는 용어가 됐지만 당시만 하더라도 영문 모르고 속만 끓이는 경우가 많았다. 무던하고 건강한 친구들은 나름의 취미도 찾고 새로운 환경을 만들면서 일의 균형을 잡아가기도 했지만, 모춘은 때때로 출근 길에 숨 쉬기가 어려워 중도에 버스에서 내려야 했고 소호는 끝없는 무기력증에 시달렸다.

6-7년간의 라인프렌즈 생활의 막바지 즈음, 대오는 2018년 6월, 소호는 2019년 6월, 모춘은 2019년 9월 퇴사했다. 세 명이 지금의 상황을 그리면서 의기투합해 그만뒀을 거라고 생각하는 사람이 많은데 전혀 그렇지 않다. 당찬 포부, 미래에 대한 꿈과 희망으로 회사를 나왔다기보다 끝은 언제나 그렇듯 쓸쓸했다.

아무것도 남아 있지 않지만 가보자

오랜 회사 생활의 말미, 일에 집중하지 못하던 우리는 나름대로 각자의 자리에서 돌파해 보려 노력했다. 몇 가지 일들이 있었는데 그중에서도 지금의 모베러웍스에 큰 영향을 준 프로젝트가 있다. 모춘과 대오가 주축이 되어 진행한 'BX Phase 2' 프로젝트로, 라인프렌즈 브랜드 경험의 다음을 기획하는 일이었다. 이 프로젝트의 핵심은 회사에서 시키지 않은 일이었다는 데 있다. 한 브랜드의 성패를 좌우하는 전략을 짜는 거대한 일을, 이사도 팀장도 아닌 일개 디자이너들이 해보겠다고 나선 것이다. 윗선에서는 시큰둥했고 실무선에서는 갸우뚱했다.

사건의 발단은 회사의 변화였다. 우리는 5년 넘게 라인의 캐릭터를 자식처럼 여기며 일했다. 라인이 도쿄와 뉴욕에 동시 IPO(기업 공개) 상장하고, 라인의 캐릭터들이 글로벌 각지에서 사랑받는 친구들이 된 것은 물론 우리뿐만 아니라 수많은 사람들의 노력이 모인 덕분이었지만, 초창기 멤버로서 '우리가 잘했다'는 맹랑한 마음이 있었다. 우리 몸에 새겨진 어설픈 성공 방식에 대한 확신, 아마도 이것이 화근이었던 것 같다. 회사가 성장하면서 변화하는 것은 어찌 보면 당연한데, 변화할 때마다 우리는 뭔가를 빼앗기고 있다고 여겼다. 지금 생각하면 비뚤어진 애착 같은 것이었다.

회의실에서는 발전적인 아이디어가 오가는 대신 형식적인 보고가 줄
지었고, 그런 회의가 반복될수록 불만이 쌓였다. 선택지는 세 가지였
다. 절이 싫으니 중이 나가는 것, 절이 마음에 들지 않더라도 토 달지
않고 지내는 중이 되는 것, 그리고 어떻게든 절을 바꿔보는 것. 우리는
세 번째 선택지를 택했다. 그 시도가 'BX Phase 2' 프로젝트다.

절 전체를 바꾸려니 할 일이 넘쳐났다. 회사의 거의 모든 실무진들과
인터뷰하고 100개가 넘는 브랜드 사례를 분석했다. 조용히 진행하다
간 묻히기 딱 좋은 일이었기에 더 요란하게 일했다. 동료들은 시키지
도 않은 일을 대차게 해나가는 모습을 지지해 주기도 했지만 몇몇은
따가운 눈총을 보냈다. 그렇게 수개월을 고민해서 전략 지도를 그렸고
단 한 번의 임원진 프레젠테이션 기회가 주어졌다. PT라고는 몇 번 해
본 적도 없는 모춘이 발표를 맡았다. 모춘은 발표 중간에 던지는 농담
까지 토씨 하나 틀리지 않고 외웠고 어느 자리에 누가 앉을지 파악해,
어디에서 어디로 움직일지 동선도 모두 맞췄다. 너무 비장했던 나머지
발표 전날부터 벌벌 떠는 바람에 당일에는 급기야 한 동료가 결혼식
날 긴장하지 않으려 먹었다는 '안 떨리는 약'을 주기도 했다.

약빨은 잘 받았고 발표는 성공적이었다. 그날을 기점으로 얼마 후 새
로운 브랜드팀이 생겼고, 모춘은 리더가 됐다. 그럼에도 불구하고 당시
생각한 아이디어들은 대부분 구현되지 못했다. 팀이 꾸려진 후 대오는

퇴사했고 얼마 지나지 않아 모춘도 회사를 떠났다.

우리는 결국 절을 바꾸지 못하고 떠난 중이 됐다. 그래서 이 에피소드는 새드 엔딩인 것일까? 결코 그렇지 않다. 절을 바꾸려 망치도 들어보고 톱도 들어보면서 얻은 귀한 감각이 하나 있다. '이렇게 일할 때 일할 맛이 난다'라는 감각이다. 내가 하고 싶은 일을 할 때 일은 재미있어진다는 것. 모두가 무의미하다고 말할 때 스스로 맞다고 생각하는 일을 하면서 얻는 성취감은 무엇보다 컸다. 그리고 결과는 성에 차지 않을지언정 무엇이든지 '하는' 사람은 시도조차 하지 않는 사람이 얻지 못하는 값진 경험을 얻을 수 있다는 걸 알게 됐고, 이 깨달음은 우리가 일을 하는 태도에 큰 영향을 줬다.

"'아무것도 남아 있지 않으니 가는 건 무의미하다'라는 생각과 '아무것도 남아 있지 않지만 가보자'라는 생각 사이에는 아주 큰 차이가 있다."

츠즈키 쿄이치都築 響一, ≪권외편집자≫, 컴인, 2017

실마리는 언제나 내 안에 있다. 회사는 살아 있는 생명체와 같아서 수시로 변한다. 변화를 마주하고 힘든 시기에 회사 탓도 해보고 내 탓도 해보면서 알게 된 건, 변한 환경 탓을 하기에 앞서 스스로 할 수 있는 일을 찾는 편이 좋다는 사실이다. 결국 우리 마음을 힘들게 했던 건 변한 환경이라기보다 어떤 시도도 해보지 않는 수동적인 자세였다.

'BX Phase 2' 프로젝트 중 오중과 대오

에리히 프롬 Erich Fromm 의 글을 엮은 책 ≪나는 왜 무기력을 되풀이하는가≫를 보면 "자발적으로 행동하지 못하는 무능력이 무력감의 뿌리"라는 말이 나온다. 지금 무기력하다면 뭔가를 탓하기 전에 하루라도 빨리 내가 자발적으로 할 수 있는 행동을 찾아 나서는 게 이득이다. 안 될 것처럼 느껴질지라도 막상 한 걸음 내딛고 나면 내가 해낼 수 있는 일이 분명히 보인다. 그러니 지금 나에게 아무것도 남아 있지 않다고 하더라도, 가보자.

사이드 프로젝트 대 실패!

대오가 퇴사한 2018년 하반기, 소호와 모춘은 왠지 모를 갈증에 시달렸다. 마음속에 꿈틀거리는 뭔가가 있는데, 나올라치면 이내 꼬리를 내려버렸고 마음은 항상 해소되지 않은 채로 머물렀다. 그런 시기에 시작한 것이 '소호사'라는 사이드 프로젝트다. 소호와 모춘이라는 새로운 이름은 그때 만든 활동명이다. 모두 모춘이 작명했는데 본인의 아버지 존함을 거꾸로 해서 모춘이라는 이름을, 미소 짓는 호랑이라는 뜻으로 소호라는 이름을 지었다. 모춘이 재미있게 본 무협 영화에 나온 캐릭터의 이름이기도 한데 소호가 호랑이띠에 잘 웃기 때문에 의미가 맞는다고 했다. 회사 이름은 소호사로 짓고 퇴근 후에 동네를 걸으며 일을 꾸미기 시작했다. 소호와 모춘의 첫 협업이니 지금 우리 그룹의 전신이 된 셈이다.

처음엔 모춘이 동화책 일러스트레이터 경험이 있었기 때문에 큰 고민 없이 '동화책이나 만들어볼까?' 하는 생각이었다. 만들다 보니 우리에게는 생각보다 하고 싶은 이야기가 많았고, 최종적으로 '단편 소설'이라는 장르를 선택했다. 이야기를 하고 싶어서 소설을 쓴 것이다. 모춘이야 그림책 작가이기도 해서 그림의 완성도는 훌륭했지만 글이라곤 이메일밖에 써본 적 없는 소호가 소설을 잘 쓸 리 만무했다. 그럼에도 우리 이야기를 한다는 자체가 활력이 됐다. 새로운 일이 취미가 되어

준 셈이다. 집에 리소 프린트기를 들여 직접 인쇄도 하고 책으로도 엮었다.

반응은 어땠냐고? 대 실패였다. 우리 둘을 제외하고 그 소설을 끝까지 읽은 사람은 단 한 명도 없었으며, 그 당시 만든 인스타그램 계정은 오래도록 180명을 넘기지 못했다. 지인들만 모두 팔로우했어도 그 숫자는 넘었을 텐데. 수익이 1원도 없었음은 말할 것도 없다. 나름대로 수개월 공을 들였는데 처참한 무관심으로 마무리되었다.

단편 소설은 이런 인용문으로 시작한다.

"인생이란 게 원래 엉터리야, 알겠냐? 네 꼴을 좀 보라고."
스티븐 킹 Stephen King , ≪스탠 바이 미≫, 황금가지, 2010

줄거리는 위트랜드라는 밀밭 마을에 사는 꼬마 아이들이 동네를 더럽히는 라면 공장에 맞서 싸우는 이야기다. 주인공은 천식이 있는 아이 부, 탐정 도일, 먹보 포, 헛똑똑이 스푸키. 거대 권력과 맞서 싸우기에 부는 연약하기만 하고, 도일은 혼자 진지한 괴짜 탐정, 먹보 포를 얕보는 책벌레 스푸키는 백과사전만 읊어대는 헛똑똑이다. 죄다 엉터리다. 하지만 인생이란 게 원래 엉터리고, 그래도 상관없다는 이야기다. 결국 악의 죽인 라면 공장을 무찌르지는 못하지만 이들만의 방식으로 유쾌한 승리를 거둔다. 모든 일에는 각자의 대응 방식이 있다는 주제다. 엉터리라 할지라도 내 의지로 한 일이라면 그 자체로 의미 있다는 것.

자기 방식대로의 일, 주체적으로 삶을 대하는 태도와 세계관. 놀랍게도 모베러웍스가 말하는 메시지와 같다. 소호사 프로젝트는 실패했지만 이야기는 그때부터 서서히 만들어지고 있었던 것이다. 처음 모베러웍스를 만들 땐 우리조차도 몰랐다. 실컷 브랜드를 론칭하고 나서야 "어, 그런데 이거 소호사 때 생각했던 주제였잖아?" 하면서 웃었다. 마냥 실패한 프로젝트인 줄로만 여기고 덮어두기 바빴는데 말이다.

하고 싶은 일을 하다 보면 이렇게 터무니없이 연결될 때가 있다. 책이라는 것도 단편 소설 쓰면서 만들 줄 알았지, 이렇게 우리 브랜드 이야기로 책을 출간하게 될 줄 누가 알았겠나. 그것도 같은 주제로 말이다.

어처구니 없는 실패 사례는 이뿐만이 아니다. 대오는 라인에서 카카오로 이직한 후 사이드 프로젝트로 'Brain Booster Korean'이라는 서비스를 만들었다. 외국인들에게 한국어를 알려주는 영상 교육 콘텐츠로, 글로벌 유저를 공략하고자 유튜브 채널에서 야심차게 선보였다. 결과는? 외국인 대상 콘텐츠인데 구독자 100여 명 중 대부분이 한국 사람이었다고. 기대했던 영어 댓글 대신 '잘 봤습니다'라는 한국어 댓글만 난무하는 채널로 남았다. 그러나 꿈보다 해몽이라고, 이 시기에 영

'소홍샤' 사이드 프로젝트 단편 소설 캐릭터 스케치

상 콘텐츠를 만들며 쌓은 경험이 지금 대오가 만드는 모티비 <누브랜딩> 시리즈에 녹아들고 있다고 생각한다. 영상 콘텐츠를 만들며 이야기의 서사를 고민하는 시간이 있었기에 누브랜딩 시리즈의 스토리텔링이 있고, 매번 100개가 넘는 댓글로 참여하는 팬들이 생길 수 있었던 것 아닐까.

궁금하다. 아무짝에도 쓸모없어 보였던 오만 가지 실패 중에 무엇이 언제 어떻게 바뀌어서 튀어나올지. 뭐가 됐든 전혀 예상치 못한 타이밍에 어이없는 모양새일 것이다. 아무렴 상관없다. 인생이란 게 원래 엉터리인 법이니까.

이왕이면 자유롭고 의미 있게 일한다

일이란 뭘까. 하루의 3분의 1이라는 시간을 쓰면서도 막상 정의하려면 말문이 막힌다. 일 때문에 울고 웃은 지 어언 10년이 됐는데도 언제나 아리송하기만 하다. 우리는 왜 일을 하는 것일까?

테일러 피어슨 Taylor Pearson 은 그의 책 ≪직업의 종말≫에서 인간의 핵심 동기를 "돈(money), 자유(freedom), 의미(meaning)" 세 가지로 요약한다. 돈은 가장 기본적인 이유다. 우리는 돈을 벌기 위해 일한다. 그런데 어느 날 로또에 당첨돼서 일확천금이 생긴다면? 그날로 모든 일을 접고 싶은 사람이라면 이 책을 조용히 덮어도 좋다. 우리는 돈이 아주 많아진다 하더라도 영영 일을 접고 싶지는 않다. 그 대신 긴 휴일을 만들고 하기 싫은 일들을 돈으로 해결하면서 여전히 일할 것이다. 왜?

돈을 벌기 위해 일하지만 돈이 모든 이유는 아니기 때문이다. 테일러 피어슨이 말한 나머지 두 가지 동기, 자유와 의미에 주목할 필요가 있다. 자유와 의미는 이전 세대까지만 하더라도 돈을 번 후에 추구할 수 있는 혜택이었다. 한평생 돈벌이를 위해 일하고 노후에 자유를 만끽하는 식으로. 그러나 우리는 이미 목격했다. 현재를 희생한 대가는 달콤한 자유가 아니라 그저 잃어버린 청춘일 뿐이라는 사실을.

우리는 기성세대로부터 돈도 벌어야 하지만 현재도 즐길 필요가 있다는 사실을 어렴풋이 배웠다. 그런 점에서 자유와 의미는 일을 영리하게 하기 위한 도구이기도 하다. 마지못해 하는 일이 아닌 스스로 추구하는 활동으로서 일을 할 때, 현재는 허비되지 않고 하루는 생산적으로 채워진다. 조금은 역설적인 결론이지만 일에서 자유와 의미를 추구할수록 더 큰 성취와 부를 이룬다. 자유와 의미가 지렛대의 역할을 하기 때문이다. 같은 시간을 써도 지렛대가 있으면 곱절의 무게를 들 수 있는 원리다. 테일러 피어슨은 말한다. 가능한 한 빠른 시기에 당신의 경력에서 자유와 의미라는 지렛대를 만들라고.

일이란 뭘까. 아마 평생 정의할 수 없을지 모른다. 한 가지 확실한 건 일이란 인생과 닮아서 결코 만만한 상대가 아니라는 것. 한없는 기쁨을 주는가 싶다가도 기어코 시련과 좌절을 준다.

그러나 이왕이면. 한 번뿐인 인생 잘 살고 싶은 마음과 마찬가지로, 돈 벌려고 하는 일이지만 '이왕이면' 자유롭고 의미 있게 잘 해내고 싶다. 어차피 해야 하는 일이라면 끌려가듯 하고 싶지 않다. 재미있게, 우리답게 일하는 기쁨을 누리면서, 나아가 세상에 좋은 영향을 주면서 일할 수 있다면 좋겠다. 같은 재료의 음식도 '이왕이면' 근사하게 차려내고 싶은 마음이다.

앞으로도 일에 대해 뾰족한 정의는 내릴 수 없겠지만 우리가 바라보는 이상적인 일의 모양만큼은 변하지 않을 것이다. 이제 이 책에서 우리의 생각이 이상으로만 그치지 않도록 하기 위한 애씀의 기록들을 보게 될 것이다. 애쓸수록 마주하게 되는 건 드높은 현실의 벽과 훨씬 큰 불안함으로 둘러싸인 삶이었지만, 이상을 좇는 모험은 충분히 할 만한 가치가 있었고 앞으로도 그럴 거라 생각한다.

이 글을 읽는 누군가에게 조심스레 초대장을 보내본다. 우리와 같이 '정답 없는 모험'에 뛰어들기를 바라며. 어디에서 무슨 일을 하고 있는 사람일지 궁금하다. 어떤 일로 힘들어하고 있으며 자기 자신을 괴롭히는 의문들은 어디로부터 왔는지. 그래서 어떤 꿈을 꾸고 있는지도. 아무쪼록 초대장을 열 준비가 되었다면 좋겠다. 웰컴 투 헬!

2. 뭐부터 시작해야 하지?

페이스메이커와 함께 속도를 맞춘다

사람은 저마다 다른 속도로 살아간다. 차에 타자마자 시동을 걸고 출발하는 사람이 있는 반면, 느긋하게 예열도 하고 먼지도 털고 나서야 액셀을 밟는 사람이 있다. 퇴사를 한 후 소호와 모춘이 창업을 하기까지, 우리의 시간도 다르게 흘렀다. 다른 속도만큼이나 처한 상황과 심리 상태도 달랐다.

소호는 모춘보다 3개월 정도 빨리 회사를 나왔다. 소호에게 묵은 때처럼 쌓여 있던 무기력은 퇴사라는 큰 결정과 함께 어느 정도 사그라들었지만 단숨에 지워지지는 않았다. 자신감이 있어야 할 자리는 소심한 마음이 꿰차고 있었고 새로운 불안감이 스멀스멀 기어들어 왔다. 한 가지 다행인 건 천성이 느긋한 편이라 조급해하지는 않았다는 점이었다. 외려 천천히 흐르는 시간이 썩 만족스러웠다. 퇴직금으로 버틸 수 있는 기간을 계산해 보니 1년쯤. 그동안은 아무것도 하지 않아도 된다 생각하니 의외로 하루하루가 평온했다.

그동안 일해온 관성을 모두 깨고 싶었기 때문에 아주 기본부터 다시 시작했다. 마인드셋을 점검하는 것과 하루의 루틴을 재정비하고 새로운 습관을 만드는 일이 당시의 소호에게는 가장 중요했다. 어떻게 먹고, 자고, 쉴 것인지에 대해서도 다시 생각했다. 무기력하게 허비해 버린 시간을 생산적으로 바꿔보기 위해 기본기를 쌓는 시간이었다. 화두는 '생산성'. 생산적인 일, 생산적인 삶을 위한 기본을 다졌다. 관련된 책들을 찾아보고 브런치에 기록하면서, <소호의 생산성을 높여요>라는 팟캐스트를 만들고 공부한 내용을 나누면서 보내는 3개월 남짓의 시간이 어느 때보다 소중했다.

직장 생활을 하며 투 두(to do) 리스트만 적기 바빴던 소호는 퇴사 후 하루 일과라는 걸 처음 써보았다. 어린 시절 생활 계획표를 짜듯이 시간을 조각내고 무슨 일을 할지 채워 넣었다. 생각보다 하루가 짧았다. 관성적으로 일할 땐 하루가 지루했는데, 그날의 루틴을 계획하고 그대로 해나가다 보니 매일의 만족이 생겼고 시간이 빠르게 지나갔다. 내가 만든 시간 속에서 산다는 느낌이 나를 오랜 무기력에서 벗어나게 했다. 작은 하루의 사이클이 쌓일수록 에너지도 차올랐다. 오랜 회사 생활의 끝에 남은 '나는 못하겠다!'라는 마음이 오랜 예열의 시간 후 '나 뭐든 할 수 있겠는데?'로 바뀌었다.

느긋한 소호의 일상에 한 줄기 균열을 일으킨 것은 모춘의 갑작스러운 퇴사였다. 회사 안에서 누구보다 앞장서서 일한 모춘이었지만 물리적으로 뚫리지 않는 회사라는 벽 앞에서 그만 몸이 반응해 버리고 말았다. 무너져 버린 몸과 마음의 건강을 지키기 위해 벼랑 끝에서 퇴사 버튼을 눌렀고 예상하지 못했던 퇴사는 모춘에게 더 큰 불안으로 다가왔다. 공식적인 퇴사 선언을 하고 남은 휴가를 쓰던 2019년 8월, 대뜸 유튜브를 시작한 건 온전히 불안함 때문이었다. 뭐든 해야 한다는 압박감.

그렇게 모티비는 시작됐다. '두서없는 유튜브 출사표'라는 제목의 1화를 본 사람이라면 알겠지만 기획도, 기술도 없다. 모춘의 깡마른 몰골과 흔들리는 동공만 있을 뿐. 그렇게나 일했으면 퇴사를 앞둔 휴가 동안에는 조금 쉬어갈 법한데, 모춘은 불안감을 느끼면 시작 버튼으로 직행하도록 설계가 된 것만 같았다. 마감 기한이 닥쳐야 결과물이 나오듯, 고조된 불안함은 어찌 됐건 시작할 수 있는 동력이 됐다. 시작이라기보다는 급발진에 가까워 브레이크가 고장난 듯한 부작용을 겪긴 했지만.

기분 좋은 출발이라기보다 엎어지듯 한 발짝 내디딘 시작이었다. 제 발에 걸려 넘어지기 직전의 느낌. 불행 중 다행은 모춘 옆에 소호가 있었다는 점이다. 당시의 소호는 다리를 부상당한 후 재활을 마친 선수 같았다. 퇴사 후 재정비를 하면서 한 줄기 여유가 생긴 소호가 모춘을 받쳐줄 수 있었다. 반대로 소호는 모춘의 급발진으로 달리기 시작할 수 있었다. 아마 모춘이 액셀을 밟지 않았다면 소호는 지금까지 예열만 하고 있었을지 모른다. 달리기 선수들이 페이스메이커(pacemaker)의 도움을 받아 수월하게 자기 페이스를 찾아가듯, 서로에게 좋은 페이스메이커가 되어준 것이다.

멀리 달리기 위해서는 자신의 페이스를 아는 것이 중요하다. 이 정도 페이스면 되겠다, 안 되겠다, 하는 가늠 없이 무작정 달리다가는 금세 나가떨어진다. 페이스메이커가 내 적정 속도를 찾을 수 있게 도와준다. 주위를 둘러보자. 시작이 느린 사람이라면 일을 빠르게 잘 벌이는 패스트 스타터(fast starter)가, 반대의 경우라면 시작은 늦더라도 꾸준히 끌고 가는 힘이 있는 슬로우 스타터(slow starter)가 필요하다. 지금 만약 혼자 달리느라 끙끙거리고 있다면 함께 달릴 친구를 찾아 나서보는 건 어떨지. 자기에게 꼭 맞는 페이스메이커와 함께라면 영영 못 해낼 것 같은 마라톤도 승산 있는 게임이 될 수 있다.

휘갈겨 쓴 낙서로부터 시작하는 기록

"기록을 하는 편이 낫다고 나는 스스로에게 말한다. 가끔은 이런 낙서를 누가 읽을까 싶다. 하지만 언젠가는 그것으로 작은 금괴를 만들 수도 있을 거라고 생각한다."

버지니아 울프 Virginia Woolf, 소설가

많은 사람들이 기록의 중요성에 대해 말한다. 메모광으로 유명한 빌 게이츠 Bill Gates 부터 창업 당시에 기록만 담당하는 직원을 따로 두었다는 알리바바 Alibaba Group 의 창업자 마윈 馬雲, 10년간 사내 블로그에 1천 5백 건 가까운 글을 기록해 둔 츠타야 TSUTAYA 의 CEO 마스다 무네아키 增田宗昭 …. 우리 역시 기록을 무엇보다 중요하게 생각한다. 물론 우리가 이룬 성취는 빌 게이츠처럼 대단하진 않지만 1, 2년 된 신생 브랜드가 5만 명 넘는 구독자와 팔로워를 모으고, 팝업 스토어에 하루 동안 1천 명을 모을 수 있었던 건 '기록의 힘'이었다고 단언할 수 있다.

그러나 많은 사람들이 기록의 어려움에 대해 말한다. 중요한 건 알겠는데 막상 무엇을 기록해야 할지 모르거나, 기록을 시작해도 금세 지치고 만다고. 우리도 그렇다. 시작만 하고 내팽개쳐 둔 기록도 많고 '해야지, 해야지' 마음만 먹는 경우도 허다하다. 그럴 때마다 우리가 되새기려고 하는 것은 '가벼움'이다. 가벼움의 기준은 '생각 없이 할 수 있을 것'. 이 기록으로 대단한 뭔가를 만들려고 하기보다 아무 생각 없이 낙서를 휘갈긴다고 생각하려고 한다. 사라져버리면 아까울 것들을 붙잡아 두는 정도로.

모빌스 멤버들은 가볍게 기록한다. 가령 내가 보는 영화를 기록한다고 하면 처음부터 대단한 감상 평을 쓰려고 하는 대신, 보면서 마음에 남은 한 문장을 캡처한 후 휴대폰에 사진 앨범을 만들어 모아둔다. 회사를 다니며 쓰는 업무 일지도 기록이 될 수 있다. 이때, 자기만의 카테고리를 만들어 적어보는 것도 좋다. 모빌스의 멤버 혜린은 '4L', Liked(좋았던 것), Learned(배운 것), Lacked(부족한 것), Longed for(바라는 것) 네 가지 카테고리를 만들어 매주의 회고를 적는다. 또 다른 멤버 지우는 '일(work)기'라는 제목으로 소소한 일의 기록들을 이어가고 있다. 훈택은 매일 먹은 반찬을 기록한 '밥 기록'을 책자처럼 만들기도 했다. 인스타그램처럼 포스팅이 쉬운 채널을 이용하는 것도 방법이다. 소호는 책에서 인상 깊었던 구절을 적어둔 메모장을 캡쳐해 '#소호책기록'이라는 태그를 붙여 인스타그램 개인 계정에 올린다. 모두 가벼운 기록들이다.

재미있는 건 이 가벼움에서 '가능성'이 생겨난다는 사실이다. 소호는 '#소호책기록'을 시작한 지 얼마 지나지 않아 이 태그를 본 소소문구 담당자의 제안으로 디깅(digging)을 주제로 한 <I'm Digging _____> 전시에 '책을 디깅하는 사람'으로 참여할 기회가 생겼다. 여기서 끝이 아니다. 우연히 전시를 보러 온 롯데월드 담당자분과 이야기를 나눈 것이 계기가 되어 롯데월드 캐릭터 리뉴얼 프로젝트까지 인연이 이어지기도 했다. 기록에서 시작한 가능성이 새로운 가능성으로 이어지는 신비한 경험이었다.

우리는 매주 브런치 플랫폼에 <위클리 모빌스>라는 제목으로 한 주의 기록을 이어나가고 있다. 더 가볍게 기록하기 위해 메일 형식을 차

용했다. 일주일 동안 있었던 일을 정리해서 기록하라고 하면 어려울 수 있는데, 멤버들끼리 메일을 주고받는다고 생각하면 한층 가벼워진다. 어떤 주는 "바빠서 이만 줄입니다."와 같이 한 문장만 쓰거나 사진만 쭉 업로드하기도 한다. 큰 인사이트랄 게 없는 글이 대부분이다. 하지만 우리는 이런 글들이 모였기에 지금 이 책을 쓰고 있다고 생각한다. 실제로 원고를 쓰며 <위클리 모빌스>를 많이 참고하고 있는데, 기록해 두지 않았다면 놓쳤을 내용이 고스란히 남아 있는 걸 보면서 또한 번 기록의 중요함을 느낀다.

유튜브 채널 모티비도 마찬가지다. 모티비의 시작은 가벼운 기록이었다. 유튜브에 브랜드를 론칭하는 과정을 보여주는 아이디어를 어떻게 생각했는지 묻는 사람들도 있는데, 사실 그런 전략 따위는 없었다. 그저 개인 인스타그램에 하루의 일기를 쓰듯이 영상으로 기록해 두자는 생각이었다. 보는 사람을 크게 의식하지도 않았다. 봐주는 사람이 많으면야 좋겠지만 그렇지 않더라도 기록은 남으니 잃을 게 없었다.

지나고 나서 알게 된 기록의 요령이 하나 있다면 나와 케미가 맞는 채널을 선택하는 것이다. 당시엔 몰랐지만 얻어걸리듯 잘 맞았던 게 유튜브와 우리의 합이다. 모춘의 캐릭터가 리얼하게 드러나는 영상 매체 덕분에 우리 이야기를 더 진솔하게 내보일 수 있었고, 오랜 회사 생활을 하는 동안 단련된 소호의 정리 스킬은 생전 처음 해보는 영상 편집에서 활개를 펼쳤다. 유튜브는 여러모로 우리에게 유리한 채널이었다.

유튜브의 기록은 우리가 갖고 있는 자산 중 가장 큰 자산이다. 내부 구성원들이 같은 지향점을 바라볼 수 있게 만들기 때문이다. 우리가 어떻게 시작해서 흘러왔고, 문제를 만났을 때 무슨 수로 극복했으며, 중요한 순간에 어떤 결정을 했는지를 알면 우리 자신을 파악할 수 있다. '맥락'을 알 수 있다는 뜻이다. 마치 나무들이 모여 숲을 이루듯 우리의 기록들이 모여 팀 전체의 맥락을 이룬다. 우리는 나무를 많이 심을수록 숲이 더 짙은 빛을 낸다고 믿는다. 기록이 쌓일수록 우리는 더 선명해진다.

우리가 선명한 빛을 내면 사람들도 하나둘 모인다. 우리 기록으로 만든 이야기에 공감하는 사람이 많아지면 하나의 세계관이 만들어진다. 그리고 세계관은 시간의 세례를 받을수록 확장된다. 재차 말하지만 대단한 기록이 아니어도 된다. 우리의 기록들도 가볍디가벼우며 모티비의 서사 역시 대단한 영웅의 탄생 설화라기보다 우리 주위에 있을법한 직장인이 퇴사를 하고 창업을 한 스토리일 뿐이다.

기록의 시작은 엉성할수록 좋다. 기록이 쌓인 후 만들어진 것과 비교했을 때의 낙차로 결과물은 더 빛난다. 부디 가벼움을 잃지 말고, 부담은 가능한 내려두길. 다만 지치지 않고 기록으로부터 기록으로 나아가보기를 바란다. 저마다의 기록이 새로운 가능성으로 가는 다리가 되어줄 것이다. 그 다리를 지나 우리가 함께 더 큰 가능성을 만들 수 있기를 바라본다.

'나'를 만나는 인생 설계 워크샵

모티비 5화 '모춘 인생 설계 워크샵' 편은 지지와 비웃음을 동시에 받은 에피소드다. 인생 설계 워크샵은 오직 '나'라는 주제를 갖고 떠나는 워크샵이었다. 퇴사 후 본격적으로 일을 하기에 앞서 지난날을 돌아보고 앞으로의 인생을 그려보고자 했다. 나는 뭘 잘하고 못하는 사람인지, 그동안의 성취 요인과 패인은 무엇이었는지, 누구와 함께 일했을 때 좋았는지, 앞으로는 누구와 어떻게 일하고 싶은지, 그리고 어떻게 살고 싶은지.

모춘과 소호 둘이 강원도로 떠나 허름한 콘도 유리 벽에 포스트잇을 붙이고, 갑자기 산스장('산 속에 운동 기구가 갖춰진 헬스장'의 줄임말)에서 앞으로의 인생 목표를 이야기한다. "부자 되게 해주세요."라고 기도하는 모춘이 마지막 장면이다. 이 에피소드를 업로드한 후 가까운 친구들은 대체 무슨 콘셉트냐며 놀려대기도 했다. 그도 그럴 법한 것이 창업을 한다고 하면 사업 아이템이나 비즈니스 모델부터 고민하는 게 정석일 텐데 강원도에서 인생을 논하고 있으니 우스웠을 만도 하다.

가까운 친구들은 썩 좋아하지 않았지만 우리는 이 에피소드에 남다른 애정이 있다. 마치 세리머니를 하듯이 의식적으로 인생을 되새기는 시간이었다. 개업식, 졸업식, 결혼식, 장례식과 같은 각종 의식들, 혹은 골 세리머니, 축하 세리머니와 마찬가지로. 우리는 인생 설계 워크샵이라는 세리머니를 통해 그냥 넘겨버릴 수 있는 일을 의식적으로 치르면서 의미를 한 번 더 되새기고, 그 시간에 온전히 집중했다. 이를 통해 비로소 새로운 챕터가 시작된다고 느꼈다.

우리가 회사를 다니는 그 오랜 시간 동안 정작 '나'를 위한 시간은 얼마나 있었던가? 늘 있던 장소에서 떨어져 자신을 바라보니 회사 생활에 쫓겨 보이지 않던 것들이 보이기 시작했다. 의식은 역시 의식적일수록 좋았다. 낯선 장소에서의 의식적인 세리머니를 통해 나를 더 객관적으로 바라볼 수 있었다. 벽에 붙인 포스트잇은 유용한 도구가 됐다. 사실 키워드는 별것 아닌 말들이었다. '방학이 있는 삶', '건강'과 같은 희망 사항이나 '강약 조절'처럼 앞으로 개선해야 할 것, '사람', '스탠다드', '다양', '넓고 얕은 취향'과 같은 끄적임 수준의 키워드가 대부분이었다.

그러나 그 시답지 않은 키워드들 중 '이야기', '느슨한 연대', '디지털 노마드' 이 세 가지는 우리 활동의 토대가 됐다. '이야기'는 브랜드 전개에 있어 우리가 생각하는 핵심이고, '느슨한 연대'는 더 많은 사람에게 우리를 알리는 계기가 됐으며, '디지털 노마드'는 우리가 실현하고 싶은 꿈이다. 겉은 시시해 보일지라도 모춘은 스스로를 깊게 들여다보았던 것 같다.

어떤 방식으로 일할 때 가장 일이 잘되는지 생각했을 때 모춘에게는 함께 일하는 사람과의 교감이 중요한 요인이었다. 서로에 대해 더 잘 알수록 시너지가 났기 때문이다. 나의 '이야기'를 진솔하게 전달하는 게 첫 번째 키워드가 된 이유다. 내가 어떤 사람인지 솔직하게 보여주는 것에서 교감이 시작된다고 믿었기 때문이다. '느슨한 연대'는 단점에서 출발한 키워드다. 모춘은 초반 스퍼트는 좋지만 에너지를 초반에 다 쓰고 마는 성향이다. 장거리보다 100미터 달리기 선수에 가까워, 일하는 데 있어서도 한 가지를 오랜 기간 하는 방식보다 치고 빠지는 일이 맞겠다고 생각했다. 그래서 협업 또한 고정되거나 타이트하지 않은 '느슨한 연대'의 방식을 생각한 것이다. 그리고 '디지털 노마드'는 앞으로 어떻게 살고 싶은지를 생각하며 떠올린 키워드였다. 한 장소에 얽매이지 않고 자유롭게 세계 곳곳의 이야기를 전하며 살고 싶었다.

모춘 자신에게서 길어 올린 키워드에 대해 소호와 이야기하고 다시 질문과 대답을 반복하면서 '유쾌함'이나 '솔직함' 같은 단어들도 뽑을 수 있었다. 이 역시 지금 우리가 일하는 방식과 태도에 있어 뿌리가 되는 키워드들이다.

'나'에 대해 질문하고 깊이 생각해 본 시간이 지금까지 귀한 자산이 되었기에 우리는 의식적, 주기적으로 워크샵을 갖는다. 우리 앞에 놓인 여러 가지 키워드로 이야기를 나누고 핵심 키워드를 정리한다. 정리된 키워드라 하더라도 실행하면서 그때그때의 상황에 따라 변하기도 한다. 최근 다녀온 워크샵에서는 상황에 따라 변해도 될 것들과 어떤 상황에서도 지켜야 하는 가치에 대해 이야기 나누었다. 초반의 워크샵이 모춘, 소호 개인에게 치우쳐 있었다면 점차 팀 전체적인 관점으로 확장되고 있기도 하다. 시간이 지나면 워크샵의 형태가 또 달라져 있을 것이다. 형태야 어떻게 바뀌든 '나'를 만나는 시간을 가진다는 인생 설계 워크샵의 정수를 지켜내면서 우리만의 의식을 치르는 세리머니로 자리잡도록 하고 싶다.

욕망의 크기를 측정한다

욕망은 욕심보다 모호한 단어다. 마음 심(心)을 쓰는 욕심과 달리 욕망의 '망'은 바랄 망(望)을 쓴다. 희망의 '망'과도 같은 한자다. 그래서 욕망은 내가 무엇을 바라는지 알지 못하면 잘 모를 수밖에 없는 영역이다. 욕심이 생길 때의 마음을 알아차리는 건 어렵지 않지만 마음 깊은 곳에서 원하는 게 뭔지 알기란 어려운 것이다. 욕망이라는 말은 탐욕스러워 보여 부정적으로 읽히기도 하고, 드러내기보다 숨기는 걸 미덕으로 여기기도 한다. 그래서 '저 친구는 욕망이 너무 지나쳐'와 같은 식으로 사용되는 욕망이라는 단어는 곧잘 외면받는다. 그러나 욕망과 친해지는 것만큼 나 자신과 친해지는 방법도 없다.

그렇다면 욕망을 무슨 수로 측정할 수 있을까? 우리가 썼던 방법은 '질투'로부터 시작해 보는 것이다. 질투 역시 부정적인 감정으로 취급되지만 내 마음 속 욕망을 파악하는 데 꽤 쓸모가 있다. 평소에 혹은 최근에 내가 질투 나는 대상은 누구였는가? 떠올리기만 해도 배가 살살 아파오는 사람이 있을 것이다. 이유를 곰곰이 생각해 보자. 그 이유가 욕망의 실마리가 되어줄 것이다. 꼭 한 사람일 필요도 없다. 이 사람의 이런 부분, 저 사람의 저런 부분이 질투 날 수도 있다. 그렇게 발견한 질투의 조각들을 모으면 자신의 욕망이 측정된다.

욕망을 알았다면 나를 향해 큰 걸음을 한 것. 다음은 욕망을 기준 삼아 앞으로의 좌표를 찍어보는 일이다. 좌표 설정에서 한 가지 주의 사항은 '자기 객관화'의 필터링을 거쳐야 한다는 점이다. 예를 들어 내가 빈지노라는 아티스트에게 질투심을 느꼈다고 해서 좌표를 '빈지노가 되는 것'에 둘 수는 없다. 자기 객관화가 필요하다. 빈지노가 될 수는 없는 노릇이다. '빈지노가 내가 만든 무언가를 구매한다'와 같이 한 번 필터링을 거친 좌표를 찍는 게 중요하다.

또한 욕망은 수시로 변하기도 해서 주기적으로 측정해 보는 것도 필요하다. 어느 날은 화려한 무대 위 이효리가 부럽기도 했다가 어느 날은 제주도에서 목가적인 생활을 하는 이효리에게 질투를 느끼기도 하기 때문이다.

우리의 욕망도 시기에 따라 변했고, 우리 자신의 욕망을 알아차리지 못하는 일도 허다했다. 처음에는 퇴사 후 집에서 일하면서 그저 생활비만 벌었으면 했다. 그래서 설정했던 목표는 뭐가 됐든 우리가 만든 브랜드를 론칭해 보는 것, 친구들이 살 만한 제품을 만드는 거였다. 그게 우리 욕망의 전부인 줄 알았다. 그러나 3개월 만에 첫 좌표에 도착한 후, 마음의 소리는 달라졌다. 디자인·마케팅·브랜딩 신(scene)에서 영향력을 갖고 싶었다. 그런 사람들이 부럽고 질투가 났다. 그래서 주요 매체에 이름을 올리는 사람이 되는 것이 그다음 좌표가 됐다. 욕망은 눈덩이처럼 불어나기도, 어느새 사라져버리기도 했다.

변하는 욕망의 사이즈에 관계없이 지키려고 했던 건 욕망에 솔직하자는 마음이었다. 돈을 많이 벌고 싶다든가 유명해지고 싶다든가 하는 욕망을 숨기는 대신 최대한 드러냈다. 욕망을 숨김없이 꺼내 보이면서 때로는 따가운 눈총을 받기도 했다. 천박하거나 탐욕스러워 보였을 수 있다. 그러나 욕망에 솔직한 덕분에 얻은 가장 큰 보상은 '자유'였다. 욕망은 사람들의 시선과 사회의 통념과 같은 굴레에서 벗어나 나를 자유롭게 했다.

2020년 상반기에 협업한 두낫띵클럽의 규림은 프로젝트 중 가장 빛을 발했던 것으로 '소호의 야망'을 꼽았다. 소호가 프로젝트에 품었던 욕망의 크기만큼 큰 일을 이루어낼 수 있었던 것 같다고. 무기력했던 소호의 모습을 기억하는 전 직장 동료가 이 얘기를 들으면 깜짝 놀랄지도 모른다. 소호 자신도 놀랐으니까. 그동안 억눌렸던 욕망이 다 분출된 거라는 농담을 하며 다같이 껄껄 웃었는데, 실제로 무언가 뻥 뚫린 듯 통쾌했다. 그간 회사의 눈치를 보느라 자신의 욕망을 억누르며 지냈던 것 아닌가 하는 생각에 과거의 나에게 괜스레 미안하기도 했다. 어찌 됐건 찌그러졌던 고무공에 공기가 찬 것마냥 본래의 나로 돌아왔으니, 분출된 욕망에 감사할 일이다.

혹시 예전의 소호처럼 마음 한구석이 짓눌려 있지는 않은지. 혹은 반복되는 일상에 무뎌져서 짓눌려 있는 마음을 눈치채지 못한 건 아닌지. 아니면 알면서도 모른 척 넘겨버린 건 아닌지. 사람들의 말에, 주위의 시선에 휘청이지 말고 솔직한 내 욕망에 귀 기울여 보자. 소호가 그랬듯 숨어 있는 자신의 잠재력을 발견할 수 있을 것이다. 자신을 스스로 옥죄는 굴레를 벗어나 자유로운 자신이 되길!

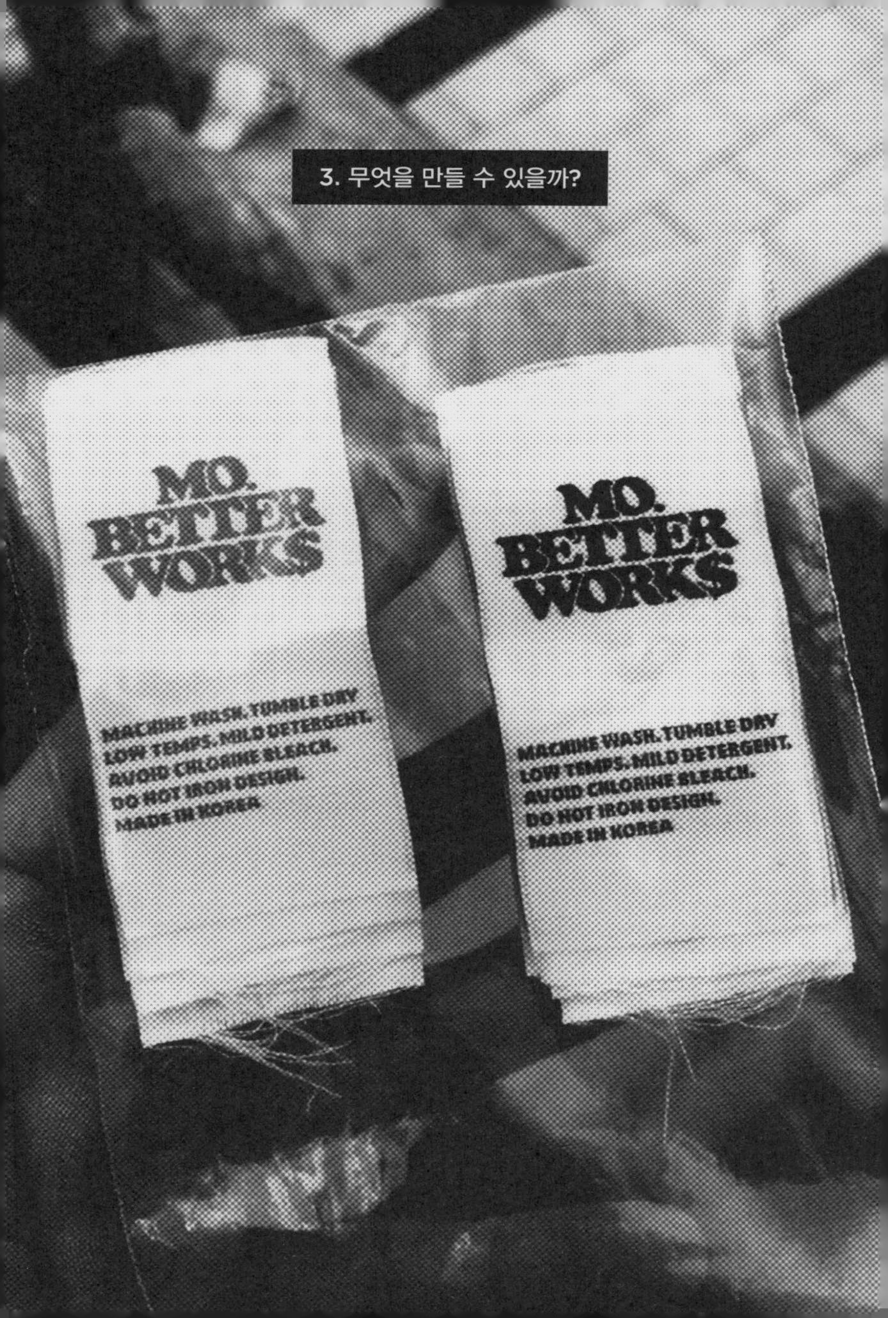

브랜드 아이덴티티는 로고가 아니다

10년간의 회사 생활을 정리한 소호와 모춘에게 남은 건 고작해야 퇴직금 정도였지만, 오랜 기간 브랜딩 업계에 몸담으며 쌓은 브랜드에 대한 지식만큼은 방대했다. 더 이상 회사라는 울타리는 없지만 '브랜드'에 대해서 만큼은 자신이 있었다. 문제는 넘치는 자신감에 비해 실제로 증명해 낸 게 없다는 사실이었다. 이력서에 쓸 수 있는 경력은 있을지 몰라도 실현의 경험은 얕팍했다. 회사 안에서 여러 경험을 쌓기는 했지만 간접 경험일 뿐이었고, 회사 밖에서 사이드 프로젝트로 실현하려 해보았지만 역량 부족이었다.

우리가 배운 브랜딩이란 브랜드의 상(像, 눈에 보이거나 마음에 그려지는 사물의 형체)을 만드는 것이었다. '애플 Apple 을 떠올렸을 때 한마디로 정의하거나 표현할 수는 없어도 눈앞에 그려지는 것들이 있다. 사과 모양의 로고부터 심플한 제품들, 광고에서 본 메시지나 분위기, 스토어에서 경험한 감정까지 수많은 것들이 합쳐져서 애플의 상을 만든다. 그 상을 만들어내는 핵심이 '브랜드 아이덴티티(brand identity)', 즉 브랜드의 정체성이다. 많은 브랜드들이 브랜드 아이덴티티의 중요성에 대해 말한다.

우리가 의문을 품었던 지점은 대부분의 경우 브랜드 아이덴티티라는 것이 시각적인 결과물에 치중돼 있다는 것이었다. 실제로 구글에 'Brand Identity'를 검색하면 각종 브랜드의 로고들이 페이지를 채운다. 물론 브랜드의 인상을 만드는 데 시각적인 요소가 큰 영향을 미친다. 사람의 첫 인상이 외모로 좌우되기도 하듯 브랜드도 로고나 컬러와 같은 그래픽 요소들이 브랜드의 상을 만들어내는 큰 부분을 차지한다. 하지만 한 사람을 만드는 게 외모뿐만은 아니지 않는가? 그 사람을 좋아하게 되는 이유도 마찬가지다. 외모만으로 좋아지기도 하지만 그 사람이 가진 성격과 개성, 가치관, 즉 그 사람의 '캐릭터'를 알게 되었을 때 진심으로 좋아하는 마음이 생긴다.

가장 친한 친구를 한 명 떠올려 보자. 그 친구를 왜 좋아하는가? 흠잡을 데 없이 장점만 있어서 친해진 건 결코 아닐 것이다. 어떤 부분은 모났고 마음에 들지 않지만 그게 그 사람의 캐릭터라는 걸 누구보다잘 알고 있으며, 그 캐릭터를 좋아하기 때문에 친구가 되었을 것이다. 그 친구는 모두에게 사랑받는 사람은 아닐 테지만 당신에게는 선택을받았고 오랜 시간 관계를 쌓아왔다. 이런 관계를 만드는 것이 우리가생각하는 브랜딩이었다. 근사하게 외모를 꾸미는 대신 있는 그대로의내 모습을 솔직하게 보여주고 교감하는 관계가 되는 것. 우리에게 브랜드 아이덴티티란 로고가 아니었다. 로고란 때론 아무 쓸모없는 것이었다. 우리가 생각하는 브랜드 아이덴티티란 캐릭터, 있는 그대로의 자신이었다.

우리는 '브랜드 아이덴티티란 캐릭터, 있는 그대로의 자신이다'라는 가설을 세웠고, 검증하고 싶었다. 근사한 모습을 보여줄 때보다 솔직한 모습을 보여줬을 때 더 깊은 교감이 생길 거라 믿었다. 그게 관계에 대한 우리의 가치관이었고 브랜딩에 대한 해석이었다.

가설이었고 생각일 뿐이었기에 공감을 얻지는 못했다. 회사 밖은 춥다고, 쉽지 않을 거라 했다. 열에 아홉은 다시 회사로 들어가는 걸 권했다. 소호사 프로젝트를 들먹이며 잘 안 되는 걸 경험해 놓고선 왜 다시 뛰어드냐고 만류하는 친구도 있었다. 일리 있는 말이었지만 소호사 프로젝트의 실패는 단편 소설이라는 장르의 문제일 뿐이라고 생각했다. 비유적인 소설에 있는 그대로의 자신을 모두 담지 못했을 뿐, 다른 방식으로 우리의 캐릭터를 보여준다면 가능성이 있다고 믿었다. 다들 안 된다고 하니 억하심정 같은 것도 있었다. '우리 생각이 맞는 것 같은데 왜 모두 안 된다고 할까?'라는. 어쨌든 퇴직금으로 버틸 수 있는 1년의 유예 기간에는 하고 싶은 대로 다 해보고 싶었다.

안락한 보금자리를 떠나 허허벌판에서, 세상에 없던 내 브랜드를 만드는 실험은 그렇게 시작됐다.

유튜브는 흑역사가 될 거라고?

우리가 생각한 브랜드 아이덴티티, '있는 그대로의 자신'을 보여주기 위해 우리가 집중한 건 '만드는 사람'이었다. 만드는 사람의 정체성이 곧 브랜드의 정체성 아닐까 생각했다. 브랜드에 따라 애플의 스티브 잡스 Steve Jobs 처럼 만드는 사람이 드러나는 브랜드도 있고, 코카콜라 Coca-cola 처럼 누가 만들었는지는 잘 모르지만 사랑받는 브랜드도 있다. 방식에 정답은 없다. 다만 우리의 실험은 '만드는 사람'에 집중하자는 쪽이었다. 우리 스스로가 코카콜라보다 애플을 좋아하는 이유는 스티브 잡스라는 사람 때문이라고 믿었기 때문이다. 백종원의 수많은 브랜드 역시 백종원이라는 사람 그 자체다. 이들처럼 만드는 사람의 정신 (spirit)이 녹아든 브랜드를 만들고 싶었다.

그래서 브랜드를 만드는 사람, '모춘이라는 캐릭터를 보여주는 것'이 이 실험에서 무엇보다 중요했다. 브랜드 이름을 정하고 로고를 만들고 어떤 제품을 만들지보다 어떻게 하면 모춘이라는 캐릭터를 있는 그대로 보여줄 수 있을지가 가장 큰 과제였다. 그리고 그 과제 해결의 실마리는 다름 아닌 유튜브라는 영상 플랫폼에 있었다. <인간극장>이나 <다큐멘터리 3일>처럼 보통의 일상을 담은 영상을 내보내며 모춘이 어떤 사람인지, 어떤 상황에 처했는지 보여주기 시작했다. 솔직하게 다가갔을 때, 모든 사람들로부터 사랑받는 캐릭터가 되진 못하겠지만 소수와는 깊은 관계를 맺을 수 있을 거라는 가설은 여전히 유효했다.

앞서 별다른 전략 없이 가벼운 기록을 한다는 마음으로 유튜브를 시작
했다고 하면서, 이 모든 가설과 실험은 무엇이냐고 물을 수도 있겠다.
시작은 가벼웠지만 막상 시작하고 보니 우리의 생각을 증명하고 싶은
마음이 들었다고 하면 설명이 될까? 말로는 잘 설명할 수 없는 아이러
니다. 사람들이 많이 보지 않아도 상관없다고 말하면서 은근히 봐주길
기대한다. 마치 천천히 살겠다고 선언하고 누구보다 바쁘게 일하고, 아
무것도 하지 않겠다면서 누구보다 많이 하는 것처럼. 브이로그라는 가
벼운 시작에는 우리의 가설을 검증하고 싶은 이중적인 마음이 따랐다.

유튜브에 처음 몇 편을 업로드하면서 가까운 사람들로부터 들은 피드
백은 고정 관념으로부터 비롯된 쓴소리가 대부분이었다. 유튜브 한답
시고 괜한 흑역사 만들지 말고 그 시간에 포트폴리오 정리부터 하라고
했다. 유튜브 제목은 좀 더 자극적이어야 한다거나 요즘은 어떤 게 잘
먹힌다는 식의 이야기도 많이 들었다. 보기에 지루하니 좀 더 빠른 호
흡으로 만들라는 조언도 들었다. 의아했다. 기존의 유튜브 공식만이 답
인 걸까? 의문이 드는 한편으로 보여주고 싶었다. 사람들이 뭐라고 하
건 그럴수록 더 솔직한 모습을 담으려 했다.

영상을 다섯 편쯤 올렸을 때 모르는 사람들로부터 댓글이 달리기 시

작했다. 아주 소수였지만 모춘이라는 사람의 캐릭터에 친근감을 느끼거나 모춘과 소호가 처한 상황에 공감하는 사람들이 생겨났다. 우리가 세운 가설이 영 틀리진 않았다는 느낌과 동시에 이 실험이 제대로 작동할 수도 있을 것 같다는 직감이 들었다. 서서히 우리 이야기의 윤곽이 잡히기 시작하자 처음에 이런저런 조언을 했던 사람들도 응원 모드로 바뀌어갔다.

일에 대해 이야기하는 브랜드를 만들자

"브랜딩이란 'truth well told', 즉 '잘 말해진 진실'이 되어야 한다."

박웅현, 《일하는 사람의 생각》, 세미콜론, 2020

우리가 브랜드를 만든 과정은 어떻게 보면 역순이었다. 보통은 만들고자 하는 제품이나 공간, 서비스 등의 실체가 있고 브랜드가 그 뒤를 따른다. 친환경 소재의 가방을 만든다거나 반려견 카페를 연다거나 지역 기반의 중고 거래 서비스를 론칭한다거나 하는 아이템에 대한 생각을 먼저 한 뒤, 브랜드에 대해 고민을 하기 시작한다. 우리의 경우 그런 실체가 없었다. 그저 '브랜드를 만든다는 의지'와 '브랜딩에 대한 생각'이 앞섰고 실체는 나중의 문제였다. '어떤 브랜드를 만들겠다'는 게 아니라 '무작정 브랜드를 만들겠다'고 선언한 것이다.

<MoTV 모춘 브랜드 제작기>라는 유튜브 채널은 시작됐지만 누군가 "무슨 브랜드를 만들거야?"라고 물었을 때 우리의 대답은 "글쎄?"였다. 우리가 생각해도 조금 어처구니없다. 대뜸 우리 자신을 '지옥에서 온 브랜딩 전문가'로 지칭하면서 정작 무슨 브랜드를 만들지에 대해선 아무런 생각이 없다니.

사실 우리에게 무슨 브랜드, 어떤 실체를 만들지보다 더 중요한 건 '진짜 우리의 이야기로 브랜드를 만들 것'이라는 기준이었다. 어떤 제품이든, 공간이든, 혹은 서비스든 관계없이 진짜 우리 이야기에서 비롯된 거라면 무엇이든 괜찮았다.

우리는 스스로에게 질문했다. "우리가 진짜 좋아하는 게 뭘까?" 누군가에겐 그것이 서핑일 테고 누군가에겐 커피일 것이다. 음악이나 요리 같은 것일 수도 있고. 그렇다면 우리는? 우리는 이렇듯 할 만큼 좋아하는 것도, 즐기는 취미도 없었다. 그런 우리 일상을 가득 채우는 한 가지가 있었으니 그건 바로 '일'이었다. 서핑을 좋아하는 사람이 서핑 브랜드를 만들고 커피를 좋아하는 사람이 커피 브랜드를 만든다면, 일에 대해 이야기하는 브랜드를 만들 수도 있지 않을까? 일에 관해서라면 하고 싶은 이야기가 너무 많았다.

누군가에겐 일이 고된 노동일 수 있지만 우리에게 일이란 재미있고 의미 있는 활동이었다. 일 때문에 힘든 적도 많았지만 살면서 큰 기쁨을 느꼈던 순간에는 어김없이 '일'이 있었다. 문제가 풀리지 않아 헤매다가 길을 찾았을 때, 하나둘씩 작은 요령을 터득해 갈 때, 안 될 것 같은 일을 엉덩이 힘으로 버텨서 해냈을 때, 사람에 치여가며 관계 맺는 법을 알게 됐을 때, 새로운 걸 만들어 '짜잔' 하고 공개한 순간에 사람들로부터 박수를 받았을. 모두 무엇으로도 바꿀 수 없는 소중한 경험이었고, 이 경험들은 우리 몸에 남아 우리 자신을 지키며 살아갈 수 있게 하는 자양분이 됐다. 우리에게 일 이야기란 따분하고 지겨운 것이 아닌, 진짜 우리들의 이야기였으며 그 어떤 것보다 스펙터클했다.

퇴사를 하고 새롭게 일하는 방식을 고민하며 우리다운 일을 찾아가는 여정이 우리 브랜드 이야기의 시작이 되어 주었다. 회사에 얽매이지 않는 자유 노동자, '프리워커스(Free workers)'라는 콘셉트를 만들었고 최종적으로 '더 나은 일(More Better Works)'이라는 뜻의 브랜드명 모베러웍스(Mobetterworks)가 만들어졌다. 브랜드 이름에 대한 이야기는 모티비에 생생하게 기록되어 있으니 더 궁금하다면 영상으로 확인하길!

세상에는 수만 가지의 일이 있고 사람마다 일하는 방식도, 일을 바라보는 가치관도 제각각이다. 우리의 일 이야기가 모든 일을 대변할 수 있을 거라고 생각하지 않았다. 일하는 모든 사람들에게 공감을 얻으리라고는 더더욱 생각하지 않았다. 그저 우리는 이렇게 일하는 사람들이라고 이야기하고 싶을 뿐이었다. 다만 80억 인구 중에 우리를 좋아하는 사람이 존재할 거라는 믿음은 있었다. 그 믿음 하나로 우리는 모베러웍스, '더 나은 일'에 대해 이야기하기 시작했다.

모베러웍스, 메시지를 판다

모베러웍스라는 브랜드를 만들고 나자, 이제 '실체'를 만들어야 했다. 물리적으로 만들어서 팔 수 있는 무언가가 필요했다. "그래서 뭘 팔 거야?"라는 질문에 대답해야 했다. 살 것이 넘쳐나다 못해 흘러내리는 시대에서 우리는 무엇을 팔 수 있을까? 양으로 승부할 수 있는 밑천이 없었음은 물론이고, 장인처럼 제품을 잘 만들 능력도, 기술도 없었다.

사람들이 '왜' 사는지 생각했다. 사람들은 더 이상 기능만으로 소비하지 않는다. 돈을 쓸 만한 가치가 있는 소비를 통해 자기를 표현한다. 자기를 표현한다는 건 메시지를 표출한다는 얘기였다. 다시 말해, 무언가를 산다는 건 '나는 이런 가치관을 가진 사람이에요'라는 메시지를 전하는 것이다. 우리는 곧 '일하는 사람들이 공감할 만한 메시지를 만들자'라는 생각에 이르렀다.

네이버에서 직장인 용어, 회사원 용어, 업무 필수 용어 같은 키워드를 검색하면서 아이데이션(ideation)을 했다. 그중에서 비틀어서 표현할 수 있거나 어이없어 웃음이 날 만한 문구들을 추렸다. 그렇게 해서 나온 첫 번째 메시지가 "ASAP, As 'Slow' As Possible"이다. 일하는 사람이라면 ASAP(As 'Soon' As Possible), 일명 '아삽'은 진절머리가 나게 듣는 말이다. 업무 요청 뒤에 늘 따라오는 말이기도 하다. 쫓기듯 아삽으로 일하는 사람에게 'As Slow As Possible', 가능한 천천히 하자는 메시지는 한 번 피식 웃게 만들면서도 위로를 주는 말이었다. 이외에도 'Small Work Big Money'와 같은 모든 노동자들의 염원을 담은 농담, 아젠다 없는 삶을 살고 싶은 마음을 표현한 'No Agenda', 회사로부터의 탈출을 뜻하는 'Out of Office'와 같은 메시지를 만들었다.

이 메시지들을 후드 티셔츠에 담았다. 모베러웍스의 첫 번째 '실체'가 후드 티셔츠가 된 것이다. 혹자는 우리의 첫 제품군이 옷이기에 모베러웍스를 의류 브랜드라고 말하기도 한다. 하지만 첫 제품으로 후드 티셔츠를 낸 것은 의류나 패션 브랜드를 만들기 위해서라기보다 '메시지'를 전달하기 위해서였다. 티셔츠 하나 만들고 뭐 그리 거창하게 말하냐고 할 수 있지만 우린 진지했다.

우리는 '티셔츠가 현시대의 포스터'라고 생각했다. 예로부터 포스터를 통해 사람들이 특정한 메시지를 전했다면, 현시대에는 티셔츠가 그 역할을 하고 있다고 여겼다. 예를 들면, 반스 Vans(Off the wall) 티셔츠를 입는 사람과 나이키 Nike(Just do it) 티셔츠를 입는 사람은 표현하고자 하는 메시지가 다르다. 그래픽 없는 무지 티셔츠를 입는 사람 역시 '나는 미니멀한 게 좋아요'라는 메시지를 표현한다. 그래서 우리는 옷을 통해 메시지를 드러냈고, 사람들은 메시지를 샀다. 어떤 사람은 회의 시간에 괜히 한번 반항해 보고 싶었다며 'No Agenda'가 적힌 옷을 샀고, 또 어떤 사람은 연봉 협상 때 입는다며 'Big Bonus' 티셔츠를 샀다.

'모조'라는 모베러웍스의 마스코트를 만든 것도 우리의 메시지를 더 효과적으로 전달하기 위해서였다. 우리가 생각하는 노동자로서의 이상향을 모조라는 프리 버드에 담았다. 자유를 추구하는 철새, 모조는 가능한 일을 천천히 하면서도(As Slow As Possible) 적게 일하고 많이 벌며(Small Work Big Money) 별다른 아젠다 없는(No Agenda) 세상에 사는 캐릭터다. 현실 속 우리의 모습과 대비되는 모순적인 캐릭터 모조는 모베러웍스가 하고자 하는 이야기를 친근하게 전하는 메신저 역할을 했다. 우리의 메시지에 공감한 사람들은 일하며 쓰는 노트북에 모조 스티커를 붙이거나 바탕화면에 모조 그래픽을 띄워놓는 것으로 모베러웍스라는 브랜드를 소비했다.

우리는 의류 전문 브랜드는 아니지만 매 시즌 '포스터로서의 티셔츠'를 만들고 메시지를 담는다. 더 효과적으로 메시지를 전달할 수만 있다면 꼭 티셔츠를 만들지 않아도 된다고 생각한다. 때로는 맥주를 만들거나 가구를 만들고, 뜬금없이 누룽지를 만들기도 한다. 이 때문에 혹자는 모베러웍스가 대체 뭐 하는 브랜드인지 묻곤 한다. 메시지를 파는 브랜드라고 하면 눈이 더 동그래지긴 하지만 다른 말로 표현하기도 어려운 게 사실이다. 모베러웍스는 메시지를 판다.

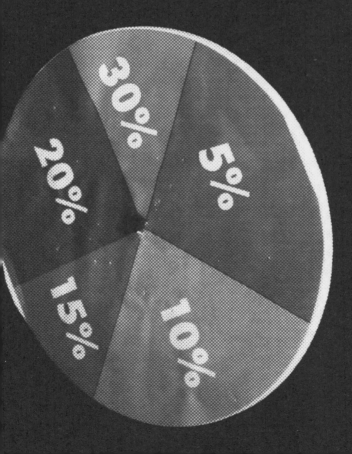

스스로 일하는 방식을 찾는다

"누구든지 웬만한 정도의 상식과 경험만 있다면, 자기의 삶을 자기 방식대로 살아가는 것이 가장 바람직하다. 그 방식 자체가 최선이기 때문이 아니다. 그보다는 자기 방식대로 사는 길이기 때문에 바람직하다는 것이다."

존 스튜어트 밀 John Stuart Mill, 《자유론》, 현대지성, 2018

회사를 떠나 새로운 일을 꾸미면서 우리는 '무슨 일을 할 것인지'보다 '어떤 태도로 일할 것인지'에 대해 더 많이 생각했다. 회사를 다닐 때는 무슨 일을 하는지에 주로 몰두했다. 이 일을 하면 인정을 받아 또 다른 일을 할 수 있겠고, 이런 일을 했다는 경력이 있으니 나중에 다른 회사에서 이런 일을 할 수 있겠고…. 이런 생각들로 머리가 가득 차 있었다. 하지만 회사를 나와보니 이런 것들은 그저 경력 몇 줄로만 남을 뿐이었다.

정작 내 일을 시작하는 데 도움이 됐던 건 그동안 일에 대해 쌓아온 가치관이었다. 어떤 태도로 일했을 때 만족도가 높았는지, 그리고 어떤 태도로 일했을 때 성장했는지. 이 경험 데이터는 눈에 보이지는 않았지만 우리 몸 깊숙이 자리잡고 있었다. 0에서부터 새로운 걸 만들게 하는 원동력은 결코 경력 몇 줄이 아니었다. '나는 이런 태도로 일했을 때 만족스러운 삶을 살고, 성장할 수 있다'라는 경험 자산이 우리를 망설임 없이 모험하게 만들었다.

일을 바라보는 우리의 태도는 '자유'라는 가치에 뿌리를 둔다. 자유란 단지 속박으로부터의 해방만을 의미하지 않는다. 보다 적극적으로, 주체적으로 자기 방식을 찾아 나설 때 얻을 수 있는 가치다. 세상의 기준과 맞지 않는다 하더라도 자기 자신에게 귀를 기울이고, 자신의 욕망에 충실할 때 비로소 자유를 얻는다. 우리는 주체적으로 일할 때 더 만족감을 느꼈고, 성장했다.

백지에서 다시 시작한다는 건 막막함으로 정신이 아득해지는 일이었지만, 시작부터 내 손으로 만들어나갈 수 있다는 뜻이기도 했다. 소호는 10년을 브랜드 기획자 혹은 마케터로 살았지만 모베러웍스와 모티비를 만들며 스스로를 '프로듀서'라고 소개했다. 프로듀서 경력이라곤 단 1개월도 없으면서 말이다. 스스로의 직종부터 새롭게 만든 것이다. 누군가는 이를 보고 '놀고 있네' 하며 비웃을지도 모른다. 하지만 그건 세상에 존재하는 하나의 시선일 뿐이고, 소호는 스스로의 시선에 더 집중했을 뿐이었다.

영상 편집이라곤 해본 적도 없고 프리미어라는 영상 편집 프로그램도 처음 다뤄봤지만, 소호는 이야기를 편집하는 일이 지금껏 했던 어떤 일보다 재미있었다. 프로그램은 모르는 것투성이에 만든 영상은 엉성하기 짝이 없었지만, 내가 찍은 영상을 이리저리로 짜깁기해서 하나의 이야기로 만드는 일은 소호에게 새로운 세상을 열어주었다. 브랜드 기획자라는 '전달자'로 살다가 프로듀서라는 '생산자'로 사는 것이 무엇보다 신났다. 자기 방식대로 모춘이라는 캐릭터의 이야기를 들려주는 일이 좋았고, 사람들이 그 이야기를 좋아하고 영향받는 걸 볼 때면 보람을 느꼈다.

한편, 디자이너로 살던 모춘은 스스로의 직종을 '유튜버'로 정했다. 소호가 편집에 새로운 흥미를 발견했듯 모춘은 유튜브 채널의 주인공으로 출연하면서 새로운 자아를 찾은 듯했다. 회사에서 일을 할 때도 혼자 작업할 때보다 봐주는 사람이 많을수록 일을 잘하는 타입이었는데 청중이 수백, 수천, 수만 명으로 늘어나자 누구보다 신나게 일했다. 여기저기에 본인을 유튜버로 소개하고 다닌 바람에 "그럼 모베러웍스 디자인은 누가 하셨어요?"라는 말을 듣기도 했다.

소호와 모춘이 새로운 일을 시작하며 직종을 새로 정했듯 팀에 합류하는 사람들도 일을 하기 전 자신의 직종을 스스로 정해본다. 선임 마케터나 책임 디자이너처럼 회사가 정해주는 직급 대신 각자의 직종으로 일한다. 새로움, 변주를 뜻하는 '누(nu)'를 붙여 대오는 누브랜더(Nu-brander), 훈택은 누디자이너(Nu-designer), 지우는 인류학

(Anthropology) 전공을 살려 앤트로마케터(Anthro-marketer), 헤린은 디자인 장르에 국한되지 않고 일하는 사람이라는 의미로 디자인워커(Design-worker)라는 직종을 정했다.

필수는 아니다. 한 번 정한 직종을 바꿀 수도 있다. 중요한 건 자신의 일을 주체적으로 바라보는 태도다. 함께 일하면서 각자가 자유라는 가치를 획득하길 바랐다. 언젠가 "뭐가 되고 싶어?"라는 모춘의 질문에 대오가 "자연인."이라고 대답한 적이 있다. 자연인의 사전적인 의미는 '사회나 문화에 속박되지 아니한, 있는 그대로의 사람'이다. 이 의미를 따라 우리 각자가 모두 자연인이 되었으면 한다. 우리가 일하는 시간 동안 '있는 그대로의 나'일 수 있다면 우리 인생 전체도 조금은 나아질 거라 믿는다. 지치지 않고 나다운 일의 모양을 찾아 나설 때 우리는 '더 나은 일'에 한 걸음 더 다가갈 수 있다.

가능하면 실없게 이왕이면 유쾌하게

우리는 물리적으로 많은 시간을 일하는 데 쓴다. 인생 전체를 큰 피자 한 판이라고 생각했을 때 아마 두세 조각쯤은 일이 차지하고 있을 것이다. 배가 썩 고프지는 않지만 피자를 반드시 두 조각 먹어야 한다고 가정해 보자. 어떤 사람은 꾸역꾸역 욱여넣어 먹을 것이다. 그러나 우리는 이왕 먹어야 한다면 즐겁게 먹어보자는 마음가짐을 갖고 있다. 친구와 빨리 먹기 게임을 한다거나 먹방을 찍어본다거나, 찾아보면 즐길 수 있는 방법이 없지만은 않다. 일에 있어서도 마찬가지다. 어차피 일해야 한다면 그 시간을 유쾌하게 만들려고 애쓴다. 그래야 인생 전체도 즐거워질 테니까.

모춘이 우리 브랜드가 가수 쿨의 <애상> 같은 느낌이길 바란다고 말한 적이 있다. 이 노래의 가사는 남자가 여자를 짝사랑하는데 결국 이루어지지 않는 슬픈 내용이다. 하지만 그 껍데기는 발랄한 댄스 음악이다. 일 역시 우리에게 때때로 슬픔을 주지만 우리는 그것이 쿨의 노래처럼, 리듬감 있는 슬픔이길 바랐다.

모베러웍스를 운영하면서도 슬픈 일이 많았다. 2020년 6월 말, 우리 팀의 슬픈 숙제는 제품의 재고였다. 5월 노동절 팝업 스토어 행사가 예상보다 큰 성황을 이루자 급한 마음에 큰 볼륨으로 재발주를 넣은 제품들이 남게 된 것이다. 당시 우리는 재고를 소진하기 위해 쇼를 열었다. '신입 사원 훈택이 쏜다!'라는 제목의 라이브 방송이었다. 모베러웍스의 신입 사원 훈택이 3개월 면수습 후 정식 사원이 되었다는 명목으로, 5퍼센트부터 30퍼센트까지 적힌 다트 판을 돌려 맞춘 퍼센트만큼 모베러웍스 제품을 할인해 주는 이벤트를 했다. '훈택 쇼'를 위해 소호가 훈택의 눈썹도 정리해 주고, 대오가 머리에 포마드도 발라줬다.

색종이로 목걸이도 만들고, 다트 판도 만들면서 멤버들 모두가 준비하는 내내 깔깔 웃었다. 재고 떨이를 위한 형식적인 할인 행사를 했다면 암울했을 일을, 우리 식대로 유쾌한 구실을 만드니 같은 일도 신나게 할 수 있었다. 그날의 어색했던 훈택과 훈택 쇼는 지금까지도 웃으며 얘기하는 추억이기도 하다.

어느 날엔 애써 만든 제품에 하자가 생겨서, 제품을 구매한 모든 사람에게 연락을 하고 전량 수거한 후 직접 배송한 일도 있었다. 하필 불량 사실을 알게 된 날이 팀 워크샵을 떠나는 날이었는데, 오전 내내 수거 안내 전화를 돌리느라 오후 늦은 시간이 되어서야 출발할 수 있었다. 너무나 민망하고 힘든 상황이었지만 버틸 수 있었던 건 그 와중에도 유쾌함을 잃지 않으려 했던 마음 때문이었다. 우리는 힘들수록 실없는 우스갯소리를 하면서 웃으려고 했다. 오전에 전화를 돌린 일이 에피소드가 되어 워크샵 저녁 시간이 풍성해지기도 했다. 직접 배송을 할 때도 일일 택배 체험이라는 말을 붙여 게임하듯 완수했고 이런 태도와 진심을 알아봐 준 사람들은 불평할 수 있는 상황에서 외려 우리를 응원해 주기도 했다. 당시 불량 제품을 받은 고객 중에는 지금 우리 팀의 멤버가 된 혜린도 있었는데, 대오가 혜린의 집에 직접 배송을 간 게 그들의 첫 만남이었다. 이것도 우리에게는 재미있는 에피소드가 됐다.

프랑스의 철학자 알랭 Alain 은 "비관은 기분이지만 낙관은 의지다."라고 했다. 우리가 유쾌하고자 하는 의지만 있다면 유쾌하게 일하고, 즐겁게 살 수 있다. 물론 365일 24시간 내내 유쾌할 수야 없겠지마는, 피자 한 조각쯤은 신나게 먹을 수 있지 않겠는가?

딥 다이버는 수영장 바닥의 동전을 줍는다

라인에 다닐 때 상사분이 종종 하던 말씀이 있었다. '수영장 이야기'라면서 들려주시곤 했는데, 일을 할 때 수영장 바닥 끝까지 내려가서 동전을 주워 온다는 마음가짐이 필요하다는 이야기였다. 같은 일을 해도 어떤 사람은 동전을 주워 오는가 하면 얕은 수심에서만 헤엄치는 사람이 있다고. 업무가 주어질 때마다 스스로 '수영장 바닥까지 내려갔는가?'를 질문했고, 그것은 우리가 생각하는 완성도의 기준이 됐다. '딥 다이버(Deep Diver)'는 지난 2020년 여름 시즌에 출시한 티셔츠에 적힌 메시지다. 모베러웍스의 캐릭터 모조가 시원하게 다이빙하는 그래픽이 함께 표현되어 가장 인기가 많았던 제품이기도 하다. 메시지를 모르는 사람도 좋아했지만 우리의 기분이 더 좋았을 때는 메시지에 공감한 사람이 구매하고 인증했을 때였다.

딥 다이빙하는 몰입의 힘은 경험해 본 사람만이 그 가치를 안다. 몰입에 관한 세계적인 선구자 미하이 칙센트미하이 Mihaly Csikszentmihalyi 의

≪몰입 flow≫에서 말하는 '플로우(flow)'의 상태는 '딥 다이빙'을 했을 때의 경험을 잘 설명해 준다. 플로우는 '다른 일에는 아무 관심이 없을 정도로 지금 하고 있는 일에 푹 빠져 있는 상태'를 말한다. 완성시킬 가능성이 있는 과제에 직면해서 명확한 목표를 갖고 집중할 때, 자아의 의식이 사라지고 시간의 개념도 왜곡되는데, 이 모든 요소가 결합해 충만한 느낌을 준다. 이런 몰입의 경험이 너무 즐거워서 이를 맛본 사람들은 어지간한 고생도 감내하면서 하게 된다고 한다.

<생활의 달인>이라는 TV 프로그램을 보면 그야말로 딥 다이빙해서 몰입의 경지에 이른 달인들이 나온다. 언젠가 한 번은 세차의 달인이 나왔는데, 춤을 추듯 리듬을 타며 거품을 내고 물 세척을 하고 건조하는 과정이 세차라기보다 예술의 경지라고 할 만큼 대단했다. 공장 생산 라인에서 수작업을 하는 달인들도 그렇다. 분명 옆에서 일하는 동료들과 같은 시간을 일했는데 무엇이 그들을 달인으로 만든 걸까? 미하이 칙센트미하이에 따르면 그들의 공통점은 "어쩔 수 없이 해야만 하는 자신의 일을 복합적인 활동으로 변화시켰다."라는 것이다. 저자는 그들이 "다른 사람은 찾지 못하는 행동의 기회를 파악했고, 기술을 개발했으며, 또한 자신이 그 순간에 하고 있는 행동에 온 신경을 집중시켰고, 그렇게 하는 과정에 완전히 몰입함으로써 자아를 더욱 강화시켰기 때문"이라고 말한다. 그리고 "그렇게 변화되었기 때문에 노동은 즐거운 것이 되었다."라고 덧붙인다. 달인들은 생계를 위해 일을 시작

했을지언정 그 안에서 남들이 찾지 못하는 포인트를 찾아 노동을 '즐거운 일'로 만든 것이다.

모빌스의 멤버 훈택이 면접을 볼 때 한 이야기 중 인상적이었던 대목이 있다. 당시 훈택은 한 의류 회사에서 '누끼를 따는(제품 배경을 깔끔하게 제거하는)' 아르바이트를 하고 있었다. 계속해서 누끼만 따는 일이라고 했다. 우리는 반사적으로 "지루했겠네요?"라고 물었는데 그때 훈택이 한 대답이 마치 달인 같았다. 누끼만 따서 지루하다고 생각할 수도 있지만 하다 보면 새로운 요령이 생기는 게 재미있고, 혼자 게임하듯이 하다 보면 금방 따게 된다고. 우리는 훈택이 지루할 수 있는 노동을 '즐거운 일'로 바꿔서 생각하는 능력이 있는 사람이라고 생각했다. 틀림없이 플로우를 경험해 봤을 거라고. 그러고 보니 명함에 각자 좋아하는 모베러웍스의 메시지를 넣었는데, 훈택은 'Deep Diver'를 넣었다. 역시 누끼의 달인!

비주류의 방식으로 주류가 된 사람들

"일부러 혁명을 일으키고자 했던 것은 아니다. 왜 한 가지 방식으로만 해야 되고, 다른 방식으로 하면 안 되는지 알고 싶었을 뿐이다."

비비안 웨스트우드 Vivienne Westwood , 패션 디자이너

세상엔 다양한 멋이 있다. 호화로운 요트와 대저택이 있는 상류층 문화도 '멋'일 수 있고 클래식하고 정통성 있는 아이비리그의 패션 코드도 '멋'일 수 있다. 그러나 우리에게 영향을 준 멋은 '비주류의 멋'이었다. 세상과 다른 방식일지라도 눈치 보지 않고 자기 방식을 고수하는 사람들이 가진 멋.

비비안 웨스트우드는 영국 패션계의 여왕으로 불리는 글로벌 브랜드다. 주류 브랜드라 할 수 있는 이 브랜드의 시작은 '펑크 록(punk rock)'이라는 비주류 문화였다. 화려한 염색 머리, 주렁주렁 달린 지퍼, 성적 페티시즘을 자극하는 본디지 의상(bondage-wear) 등 파격적인 패션 코드를 선보였던 비비안 웨스트우드. 브랜드의 전신이 된 첫 번째 샵은 아웃사이더들의 도피처이기도 했다. 비비안 웨스트우드는 그의 남편 말콤 맥라렌 Malcolm McLaren 과 함께 당대 손꼽히는 록 그룹이었던 섹스 피스톨즈 Sex Pistols 의 스타일링을 담당하기도 했는데, 주류 패션에 대한 이들의 저항 정신과 언더그라운드 문화는 시대의 새로운 문화 코드로 부상하면서 포스트모던 패션의 중요 사례로 기록되기에 이른다.

비주류의 방식은 처음에는 환영받지 못한다. 기괴하고 유별나게 여겨진다. 그러나 스티브 잡스가 그 유명한 'Think Different' 광고에서 말했듯 세상을 바꾸는 건 언제나 미친 자들(The Crazy Ones)이다.

부적응자들, 반역자들, 말썽꾼들…. 스티브 잡스는 해군이 아닌 해적이 되자고 말한다. 애플의 언더독(underdog) 정신은 탑독(top dog) 중에서도 탑독이 된 현재까지도 이어져 내려오고 있다.

처음 유튜브를 시작했을 때 모춘에게 씌워진 프레임은 '유튜브 하는 디자이너'였다. 흔히 '디자이너', '유튜브'라고 하는 것에는 고정된 이미지가 있다. 디자이너라고 하면 유려한 그래픽을 그리고 심미적인 가치를 추구하는, 대외적인 활동보다는 작업에 몰두하는 모습만을 떠올리는 경우가 많다. 한편 유튜브라고 하면 자극적인 소재의 영상 클립들, 관심을 얻기 위한 어필 같은 것들부터 생각한다. 많은 사람들의 인식 속에 디자인과 유튜브는 상극의 무언가다. 마치 별나다는 듯 '유튜브 하는 디자이너'라는 수식어가 붙은 것도 그런 이유에서였을 것이다. 디자이너가 유튜브를 한다는 것 자체를 신기해했다.

그러나 우리는 디자인 혹은 디자이너를 그 스테레오타입에만 가두기 싫었다. 츠타야 서점을 만든 CCC의 창업자 마스다 무네아키가 ≪지적자본론≫에서 이야기한 것과 같이 '모든 사람이 디자이너가 되는 미래'를 그렸다. 그가 얘기했듯이 우리에게 디자인이란 단지 시각적인 부가 가치를 위한 그래픽 작업이 아니다. 사람들에게 가치를 주는 기획을 하는 사람이라면 모두 디자이너다. 이 관점으로 디자인을 바라본다면 유튜브 역시 디자인과 상극의 무언가가 아닌, 디자인을 도와주는 수단이다. 우리의 솔직한 모습을 더욱 잘 표현할 수 있는 매체가 될 수 있는 것이다.

'유튜버'라는 모춘의 직종에도 세상의 시선에 대한 반항심이 담겨 있다. 디자이너라면 입보다는 손으로 일해야 한다는 생각, 러프한 시안을 보여주기보다 완성된 작업을 보여줘야 한다는 틀을 벗어나고자 했다. '인기가 많았으면 좋겠다', '졸부가 되고 싶다'와 같은, 금기시되다시피 하는 말들도 최대한 솔직하게 내뱉었다. 모난 돌이 정 맞는다고, 곱지 않은 시선을 받기도 했다. 그리고 언젠가부터는 유튜브 영상을 올릴 때마다 '싫어요' 버튼이 빛의 속도로 눌린다. 하지만 크게 개의치는 않는다. 눈치 보느라 무미건조하게 사느니 미움받더라도 뚜렷하게 사는 편이 낫다.

존경하는 유튜버 박막례 할머니께서 말씀하셨다. "내가 70년 넘게 살아보니께, 남한테 장단 맞추지 말어. 북 치고 장구 치고 너 하고 싶은 대로 치다 보면 그 장단에 맞추고 싶은 사람들이 와서 춤추는 거여." 당장은 비주류라고 인정받지 못하더라도 우리 방식을 고수하며, 우리 장단에 맞춰 일하고 싶다. 나아가 이 책을 보는 사람이 우리 장단에 맞춰 춤추기보다는, 우리의 장단을 반면교사 삼아 자기만의 장단을 찾기를 바란다. 자기만의 장단을 찾았을 때 우리를 한 번 떠올려 준다면 좋겠다.

아프지만 솔직해야 큰다

지금 소호는 원고를 세 번째 다시 쓰고 있다. 모두 지우고 새롭게 쓰기를 반복하는 과정은 참 지난하다. 백지 위에 깜빡이는 커서를 하염없이 바라만 본 날도 있고, 써둔 글 중 재탕할 만한 문장을 쥐어짜다 지쳐 잠든 날도 있다. 쓰는 일이란, 그리고 전부 지우고 다시 쓰는 일이란. 아마 해본 사람만이 이 고통을 알 것이다. 그럼에도 불구하고 계속해서 원고를 뒤엎었던 이유는 팀원들과 편집자님의 솔직한 피드백 덕분이다.

모티비의 <출판 일지> 영상을 본 사람들은 알겠지만 목차를 구성하고 원고를 쓰는 과정에서 가능한 많은 피드백을 받으려 했다. 누구 하나 눈치 보지 않고 의견을 피력했다. '비하인드 에피소드가 추가되면 어떨까', '인용으로 문장의 율동감을 더 주면 좋겠다', '더 모베러웍스다운 언어를 쓰자'와 같은 의견이 쏟아졌다. 분명 소호가 놓친 포인트들이었다. 비단 글을 쓸 때뿐만 아니라 다른 일을 하는 경우에도 비슷한데, 정작 프로젝트 담당자는 그 일에 너무 몰입해 있기 때문에 중요한 부분을 보지 못할 때가 있다. 피드백을 주고받다 보면 한 걸음 떨어져서 제삼자의 시각으로 볼 수 있게 되고, 개선할 점들을 파악할 수 있다.

피드백 과정에서 책의 방향성을 두고 멤버들 간에 의견이 대립되기도

피드백을 주고받는 대오의 훈택

했다. 책을 보는 사람들이 바로 자기 일에 적용해 볼 수 있는 자기 계발 가이드로 만드느냐, 그보다는 우리 이야기를 에세이로 풀어내 하나의 케이스로서 참고할 수 있도록 만드느냐에 대한 의견이 갈렸다. 초고는 두 가지가 어색하게 혼합된 형태였는데, 우리끼리 갑론을박하는 과정 중에 방향을 정리할 수 있었다.

의견을 주고받다 보면 작업물의 빈틈이 적나라하게 보이기 마련이다. 그 빈틈을 보는 건 마치 내 단점을 마주하는 일처럼 어렵다. 하지만 단점 없는 사람은 없듯 작업물도 모자란 점이 있는 게 디폴트값이다. 혼자 완벽하게 만들려고 애쓰는 시간에 빨리 보여주고 빈틈을 함께 찾아 개선해 나가는 편이 낫다. 서로 솔직할수록 더 생산적인 결과물을 만들 수 있으니까.

어제는 책 제목을 정하기 위해 모든 멤버가 머리를 맞댔다. 아이디어를 낼 때마다 솔직하다 못해 거침없는 피드백이 이어졌다. 우리는 의견을 낸 사람이 상처받을까 봐 안 괜찮은 걸 괜찮다고 말하는 것은 의견을 안 내느니만 못하다고 생각한다. 별로인 아이디어에는 "우웩! 별로다"라고 말할 수 있어야 한다. 까일 때는 조금 아프지만 확실히 굳은살은 박힌다.

우리는 서로 쓴소리를 많이 하는 편이다. '감 떨어졌다', '느끼하다', '나라면 안 사겠다'와 같은 말을 거리낌 없이 한다. 그냥 별로라고 해도 될 것을 왜 별로인지에 대해 귀에 피가 날 정도로 얘기하기도 한다. 하지만 그게 상대방을 주눅 들게 하기 위해서가 아니라 더 나은 결과를 만들기 위해서라는 걸 알기에, 귀가 따가워도 참고 듣는다.

세 번째 쓰는 이 원고도 분명히 초고보다 나아졌다. 솔직한 피드백 덕분이다. 하지만 방심할 수는 없다. 어쩌면 네 번째 바퀴를 다시 돌아야 할 테니까. 원고를 다시 쓴다고 상상하면 벌써부터 아찔하지만, 또 그만큼 나아짐이 있을 것이라 믿는다. 하지만 부디 이번이 마지막 바퀴이길 기도한다.

5. 어떻게 우리를 알리지?

브랜딩 방식에 변주가 필요하다

우리가 생각하는 브랜드 아이덴티티란 로고가 아니었기에 브랜딩 방식에 있어서도 정제된 결과물 위주로 보여주는 기존의 방식과 달라야 한다고 생각했다. 새로운 브랜드를 만든다고 상상해 보라. 브랜드를 만들어본 적이 없는 사람이라도 해야 할 일이 얼마나 많을지에 대해서는 대충 짐작할 수 있을 것이다. 로고를 예쁘게 그리는 일만으로는 결코 브랜드를 만들 수 없다. 카페 브랜드를 운영하기 위해 종일 설거지를 해야 하기도 하고, 공책 한 권을 만들기 위해 오후 내내 인쇄 감리를 봐야 할 수도 있다. 하지만 지금까지 브랜드들이 '브랜딩'이라는 걸 하는 방식은 이런 지루하고 거친 과정들을 걸러낸 후 아름다운 표면만 보여주는 식이었다. 우리는 이 방식에 변주가 필요하다고 생각했다.

우리가 '포스터로서의 티셔츠'라는 제품을 정한 뒤 첫 번째로 연대를 맺은 파트너는 의류 브랜드를 운영하는 한영수였다. 브랜드 제작기의 첫 번째 퍼즐로 소개된 영수와 모춘은 동대문 일대를 누비며 티셔츠를 만든다. 원단을 사고 패턴을 뜨고 나염 인쇄도 하는 러프한 과정을 모두 영상으로 내보냈다. 이동 중에 시답잖은 농담을 하기도 하고 브랜드 운영의 힘든 점에 대해 넋두리를 하기도 한다. 그러다가 영상이 끝나버리기도 한다. 우리가 영상 콘텐츠에 있어 완성도나 시각적인 부분보다 중요하게 생각한 건 '과정의 솔직함'이었다.

브랜드를 만들면서 만난 위기도 모두 공개했다. 브랜드를 만들겠다 큰 소리 뻥 쳐놓고 아이디어가 풀리지 않았을 때, 공장에서 힘들게 찍은 영상 데이터를 모두 날렸을 때, 고군분투하는 모든 과정들을 진솔하게 보여줬다. 정말 힘든 위기의 순간에서도 예외는 없었다. 브랜드 론칭을 앞두고 모춘이 오토바이를 타고 바쁘게 이동하던 중에 교통사고가 나서 오른쪽 손가락이 부러지는 일이 생겼다. 그런 위기의 순간에서 모춘이 꺼낸 첫 마디는 "카메라 꺼내"였다. 그 정도로 '모든 과정을 다 보여준다'는 마음이 컸다. 디자인을 해야 하는데 오른손을 못 쓰니 소호가 대신해서 디자인을 하고, 영수가 대신해서 입점처를 구하러 다니는 과정은 분명 구질구질했다. 그렇지만 우리가 꼭 얻고자 했던 '과정의 솔직함' 하나만큼은 획득할 수 있었다.

2019년 11월 22일, 우여곡절 끝에 모베러웍스를 론칭했다. 모티비 영상이 시작되기 전 나오는 파란 바탕의 에피소드 제목은 항상 모춘이 손 글씨로 쓰는데, '대망의 브랜드 론칭! 결과는?'이라는 제목의 16화는 왼손으로 써서 지렁이 글씨다. 혹시 이것까지 눈치챈 사람이 있을까? 어쨌든 브랜드를 무사히 론칭했고, 결과는 우리의 예상을 뛰어넘었다. 친구들만 구매할 줄 알았는데 구매한 사람 중 3분의 1이 모르는 사람들이었다. 그리고 당시 구독자가 348명이었고, 하루 동안 후드 티셔츠를 100장쯤 팔았으니, 구독자 중 10퍼센트가 구매를 한 셈이었다. 엄청난 성과 아닌가? 게다가 한 달 후 크리스마스에는 구독자가 1

천 명으로 급상승했다.

구독자 1천 명, 티셔츠 100장. 누군가 들으면 콧방귀를 뀔 성과일 수도 있겠지만 우리 기준에는 엄청난 성공의 시그널이었다. 영상을 통해 우리의 솔직한 모습을 보고, 기꺼이 관계를 맺어준 사람이 생겼다는 것만으로 기뻤다. 베타 실험의 관문을 하나 통과한 느낌이었다고 할까? 누군가는 과정을 보여주는 방식이 리스크가 될 거라 했다. 그러나 우리가 경험해 본 바로는 잃는 것보다 얻는 게 많았다.

근사한 브랜드는 점점 더 많아지고 사용자들은 점점 더 영리해지고 있다. 사용자들은 마음만 먹으면 쉽게 생산자가 될 수 있는 시대가 됐고, 사용자와 생산자의 눈은 모두 상향 평준화되었다. 분명 사용자와 새로운 관계를 맺어야 할 때다. 없는데 있는 척하는 친구보다 없으면 없다고 진솔하게 얘기하는 친구와 더 친해지고 싶지 않은가? 우리는 진솔한 관계를 맺는 브랜드가 되고 싶었고, 그것만이 살길이라 믿었다.

348명의 구독자, 그중에서도 론칭 첫날에 모베러웍스의 후드 티셔츠를 구매한 70여 명의 사람들 덕분에 우리는 힘을 얻었고 작은 희망을 품을 수 있었다. 온종일 집에서 택배를 싸느라 몸은 고단했지만 머릿속으로는 차츰 더 큰 그림을 그려볼 수 있었다.

브랜드 마케터라는 확성기

유튜브 채널을 직접 운영해 보기 전까지 유튜브 구독자 1만 명 정도는 어려운 일이 아니라고 생각했다. 구독자 10만이 되어야 받을 수 있는 실버 버튼도 흔한 것인 줄만 알았다. 채널을 만들어보니 100명, 1천 명 모으는 것도 쉬운 일이 아니었다. 우리는 가진 노하우를 탈탈 털어 브랜드를 론칭하고 나서야 1천 명이라는 구독자를 모을 수 있었다. 그런데 1천 명을 모으니 욕심이 났다. 구독자 수는 중요하지 않다고 말했지만 그래도 유튜브를 시작했으니 1만 명은 찍어봐야 하지 않을까 하는 생각이 스멀스멀 들었다.

하지만 무슨 수로? 더 많은 사람들에게 우리를 알리고 싶은 마음은 컸지만 딱히 뾰족한 수가 없었다. 우리가 알고 있는 친구들을 통해서 입소문이라도 나기를 바라는 것밖에는 없었다. 브랜드를 론칭할 때 우리의 목표는 '우리가 만든 제품을 친구들이 입고 인스타그램에 인증한다'였다. 인증만 해도 좋다고 생각했지만 조금 더 욕심을 내보자면 친구에서 친구로 한 다리씩만 더 건너갔으면 했다.

친구들은 든든한 지원군이었다. 브랜드 론칭 후 고맙게도 많은 친구들이 모베러웍스의 제품을 사서 인스타그램에 인증해 주었다. 그중에는 소호의 친구 승원도 있었다. 승원과 와이프 경진은 브랜드 마케터 부부로 모티비 1화 때부터 응원을 해주었던 고마운 친구들이었다. 두 사람은 퇴사를 앞둔 친구에게 퇴사 후 자기 브랜드를 만드는 사람들 이야기라며 모티비 콘텐츠를 추천하기도 했다.

퇴사를 앞둔 친구가 '숭'이라는 이름으로 활동하는 이승희 마케터였다. 소호는 숭이 ≪브랜드 마케터들의 이야기≫라는 책의 저자 중 한 명이라는 걸 알고 있었고 일 잘하는 배달의민족 마케터라는 소문도 익히 들었지만 우리와는 딱히 연결 고리가 없는 사람이라 생각했다. 그런데 승원과 경진 덕분에 숭과 우리 사이에 반 다리 정도의 관계가 생기게 됐다. 초창기 모티비 영상의 댓글 중에 숭이 남긴 글이 남아 있기도 한데, 그때는 우리가 함께 일하게 될 줄 꿈에도 몰랐다. (댓글이 궁금하다면 모티비 5화에서 찾아보길.)

숭과 실제로 만나게 된 건 우리가 모베러웍스를 론칭한 후였다. 고생 끝에 모베러웍스라는 브랜드가 세상에 나오자 초기부터 모티비를 봐왔던 숭은 본인의 인스타그램에 모티비와 모베러웍스를 소개했다. 그 덕분에 구독자가 한 번에 수백 명이 늘어나는 것을 본 소호와 모춘은 눈이 번쩍 뜨였다. 모춘과 소호에게 '알리는 일'은 가장 취약한 부분이었다. 우리 식대로 브랜드를 만들 자신은 있었고, 그래서 브랜드를 만들긴 했지만 정작 어떻게 더 많은 사람들에게 닿게 할 것인지에 대해서는 잘 알지 못했다. 그걸 누구보다 잘하는 사람이 반 다리 건너에 있는데 만나지 않을 이유가 없었다. 소호는 승원에게 다 같이 만나자고 했고 그렇게 브랜드 마케터들인 숭, 경진, 승원과의 만남이 성사됐다.

모티비 21화 '모베러웍스의 새로운 퍼즐' 편이 바로 그 자리다. 처음 만났는데도 수다가 끊이지 않았다. 각자가 회사를 나온 이야기부터 브랜드 이야기, 유튜브 이야기… 본격적인 이야기의 물꼬를 튼 것은 모춘의 "두낫띵클럽이 뭐예요?"라는 질문이다. 두낫띵클럽은 숭이 전 직장동료 마케터였던 규림과 함께 퇴사 후 '아무것도 하지 않겠다!' 선언하며 만든 인스타그램 계정(@donothingclub.seoul)이었다. 그 계정으로 뭔가 하려고 했다기보다는 뭘 계속 해야 한다는 압박에서 벗어나기 위한 방편이자 선언이었다고 했다. 늦잠을 자거나 하루 종일 아무것도 하지 않으면 왠지 모를 죄책감이 느껴졌기에, 스스로 '아무것도 하지 않아도 괜찮다'라고 말해주고 싶었다고. 알고 보니 그 클럽은 숭과 규림이 모티비를 보고 영감을 받아 만들었다고 했다.

'인연이다!'라는 직감과 함께 희망적인 기류가 흘렀다. 그날 바로 같이 일을 꾸며보자며 다음 미팅을 잡았다. 두 번째 만남에서 두낫띵클럽의 멤버 규림이 해외여행 중이라는 이야기를 들었고, 우리는 무작정 규림이 있는 곳에서 만나자 말했다. 그렇게 2020년 1월, 발리에서 두낫띵클럽과 모베러웍스가 만나 본격적인 협업이 시작된다. 발리에서 우리는 일하는 사람들이 두낫띵(do nothing) 할 수 있는 제품을 만들어

보자고 입을 모았다.

약 6개월 동안 함께 일하며 우리는 숭과 규림이 하나의 브랜드를 '어떻게 알리는지' 옆에서 보게 되었다. 숭은 거침이 없었다. 소호와 모춘은 모베러웍스 인스타그램 계정에 사진 하나 올리는 것도 며칠을 고심했는데, 숭은 하루에 아홉 개의 이미지를 연달아 올리기도 하고, 없는 건수를 만들어서라도 매일같이 포스팅했다. 급기야 우리는 두 사람과 협업하는 동안 모베러웍스의 계정을 숭에게 모두 맡겼고, 제자리걸음이던 팔로워는 천 명 단위로 늘었다. 노출이 중요한 신생 브랜드에게는 멋진 이미지 한 장보다 러프한 이미지라도 꾸준히 매일 올리는 게 더 도움이 될 수 있다는 걸 배웠다.

규림은 다정했다. 마케터인 동시에 문구를 사랑하는 문구인이기도 한 규림은 이 물건이 어째서 좋은지에 대해 하루 종일이라도 이야기할 수 있는 사람이었다. 규림은 만드는 우리도 미처 몰랐던 모베러웍스 제품의 디테일을 발견했다. 옷 포장에 붙어 있던 크라프트 스티커를 노트에 붙여 새로운 노트를 만들기도 하고, 폴리백을 포스터처럼 벽에 붙이기도 했는데 이런 애정 어린 모습들이 모베러웍스라는 브랜드의 매력을 한층 높였다.

발리에서 회의중인 구림, 송, 모춘

둘과 함께 반년을 보낸 후 모베러웍스 인스타그램과 모티비의 구독자 수는 모두 1만 명을 넘겼다. 두 사람과 일하면서 우리는 '마케터란 자기가 진심으로 좋아하는 것을 더 크게 표현해 내는 확성기 같은 사람'이라고 느꼈다. 모베러웍스는 운 좋게 확성기 같은 이들을 만나 제 목소리보다 훨씬 큰 사운드로 울려 퍼지기 시작했다. 아무리 실력 있는 가수라 하더라도 이들이 왜 좋은지 외치는 사람 없이는 재야의 고수로만 남을 뿐이다. 브랜드도 마찬가지다. 확성기에 대고 외치는 사람을 통해 비로소 더 많은 사람들에게 닿을 수 있다.

노동절, 천 명의 사람들이 모이다

모베러웍스에게 노동절이란, 명절이나 창립 기념일보다도 중요한 날이다. 롯데제과에 빼빼로데이가 있다면 모베러웍스에는 노동절이 있다. 처음에는 모베러웍스가 일하는 사람들을 위한 브랜드이니 노동절에 뭔가를 하면 재미있겠다는 정도로 생각했다. 그러나 첫 번째 노동절 행사 후 5월 1일은 절대 놓쳐선 안 되는 날이자 우리 브랜드를 상징하는 날이 되었다.

일하는 사람들이 두낫띵 할 수 있는 제품들을 만든 두낫띵클럽과 우리 멤버들은 노동절에 공간을 빌려 두낫띵클럽 입단식을 열자는 아이디어를 냈다. 우리 식대로 노동절 잔치를 열어보기로 한 것이다. 모든 일이 일사천리로 진행됐다. 아마 우리의 운을 2020년 노동절에 모두 끌어다 썼다고 할 수 있을 만큼 모든 게 잘 맞물려 돌아갔다. 경의선 숲길에 위치한 라이프스타일 스토어 오브젝트 홍대점에 마침 노동절부터 열흘간 쓸 수 있는 전시 공간이 있었고, 한 번쯤 문제가 생겨야 정상인 제품도 큰 사고 없이 제작을 마쳤다. 한편, 3월부터 여섯 번에 걸쳐 모티비와 인스타그램 라이브를 하며 행사에 대한 기대감은 서서히 고조됐다. 2020년 초 불어닥친 코로나 상황이 가장 큰 문제였는데 5월 초 코로나 바이러스는 잠시 소강상태에 접어들었다. 한산하던 홍대 거리가 사람들로 채워지고 있었다. 드디어 5월 1일 당일, 날씨는 푸르고 쨍쨍했다.

그렇지만 사람들이 몇 명이나 올지 전혀 예상이 안 됐다. 야심 차게 '경의선 숲길에 줄을 세운다'라는 목표를 잡긴 했지만 '설마 줄을 서겠어?'라는 마음이 더 컸다. 고작 6개월 된 브랜드가 여는 행사였기에 사람이 많이 온다는 게 상상이 되지 않았다. 그런데 결과야 어떻든 중요하지 않았던 게, 준비하는 과정 자체가 재미있었다. 두낫띵 하고 싶은 사람들이 쓸 수 있는 클럽 입단 지원서를 만들고, 벽 하나를 클럽 창단 히스토리로 꾸미고, 사람 키만 한 자이언트 모조도 제작했다. 오픈 당일 새벽까지 공간을 꾸미느라 정신은 혼미했지만 즐거웠다.

오픈 한 시간 전까지만 해도 주변은 썰렁했다. 근처에서 간단히 배나 채우고 오자며 밥을 먹고 돌아오는데 눈앞에 놀라운 광경이 펼쳐져 있었다. 정말로 경의선 숲길에 사람들이 줄을 서 있는 것 아닌가. 온라인에서만 볼 수 있었던 모베러웍스의 팬, '모쨍이'들을 실제로 만나는 경험은 신기하고 짜릿했다. 와주는 것만 해도 감사한데 수줍게 선물이나 편지를 주는 팬들 덕분에 우리 모두 없던 힘이 절로 났다.

잔치를 열자고 말했는데 정말 잔칫날 같았다. 농담으로 멤버들의 합동 결혼식을 치르는 것 같다고 얘기할 정도로 팬들뿐만 아니라 모베러웍스의 멤버, 두낫띵클럽 멤버의 친구들이 모두 찾아왔다. 꽃다발이나 케이크를 들고 와서는 마치 부조하듯 우리 제품을 사줬고, 사람이 몰릴 때는 너 나 할 것 없이 도왔다. 정신 차려보니 모베러웍스와 함께 일하는 파트너사 담당자분이 번호표를 나눠주고 있었다. 잔치 마지막 날 오셨던 한 모쨍이님은 철거를 도와주겠다며 팔을 걷어붙이기도 했다. 일반적인 브랜드 행사였다면 이게 가능한 일이었을까? 일하는 사람들이 모여 같이 이야기를 나누고 "렛츠 두 낫띵"을 외치며 함께 사진을 찍었던 그곳에는 분명 다른 행사에서는 볼 수 없는 꽉 찬 에너지가 있었다.

모춘이 두낫띵클럽 프로젝트를 시작하며 일정이나 계획을 써서 항상 들고 다녔던 전지는 롤링 페이퍼가 됐다. 멤버들이 그간의 소회를 남

111

긴 것을 시작으로 노동절 잔치에 온 사람들도 한마디씩 기록을 보탰다. 각자의 자리에서 일하는 사람들이 남겨준 응원의 기록은 지금까지도 힘들 때마다 한 번씩 꺼내 보는 모베러웍스의 소중한 재산이다.

그날 하루 동안 1천 명의 사람이 경의선 숲길에 모였다. 노동절 잔치를 위해 제주맥주와 함께 만든 무료 맥주 1천 병이 첫날 거의 다 소진되었다. 열흘간 팔려고 가져간 유리컵 500개는 하루 만에 모두 팔렸다.

잔치를 치른 후 "어떻게 신생 브랜드가 하루 만에 1천 명을 모았나?"라는 질문을 많이 받았다. 우리가 생각하는 첫 번째 이유는 '소속감'이다. '일하는 사람들'이라는 연결 고리, 그리고 '일하는 사람들'에서 나아가 '우리처럼 일하는 사람들'이 모였다. '스몰 워크 빅 머니', '렛츠 두 낫띵'을 외치지만 누구보다 많이, 그리고 바쁘게 일하고야 마는 사람들. 이 잔치에서는 눈치 보지 않고 '일을 좋아한다' 말할 수 있었고 동시에 '적게 일하고 많이 벌고 싶다'라고도 말할 수 있었다. 일하는 사람만이 느낄 수 있는 이 아이러니가 노동자들의 공감을 불러일으켰고, 공감을 바탕으로 한 연대와 소속감이 더 많은 사람들을 끌어오는 계기가 됐다.

또 하나의 이유는 '사람'에 있다고 생각한다. 모베러웍스가 근사하고 멋진 브랜드라서 많은 사람들이 찾아온 건 결코 아니었다. 모쨍이들

노동절 전야제에 모인 사람들

은 모춘이라는 사람을, 숭과 규림이라는 듀오를 응원하는 마음으로 왔다. 강릉에서, 부산에서 굳이 시간을 들여 서울 홍대까지 찾아온 이유는 우리가 노동절 행사를 열기 위해 얼마나 애정을 쏟았는지 누구보다 잘 알았기 때문이 아니었을까. 결국 '사람이 하는 일'이었다. 마케팅 비용도, 대단한 마케팅 기술도 없었지만 시간을 들이고 마음을 쏟아 행사를 준비했고, 이걸 알아봐 준 사람들은 자진해서 친구에게 알렸다. 계주에서 바톤을 이어받듯이 친구에서 친구로, 또 다른 친구로 이어진 것이다. 그렇게 있는 그대로의 우리 모습과 순도 높은 진짜의 마음이 모여 하루에 1천 명, 열흘간 7천 명의 사람을 경의선 숲길로 오게 했다.

주제 파악을 하는 브랜드가 되자

2020년 상반기 두낫띵클럽과 함께했던 두 번째 시즌이 모든 게 잘 맞물렸던 시즌이라면, 2020년 하반기 '머니 토크(Money Talk)'라는 이름으로 진행한 세 번째 시즌은 하나같이 아쉬운 게 많았다. 나름의 성과도 있고 의미도 있었지만 총평을 하자면 지나침이 많았고, 두 번째 시즌에 비해 체감 반응도 떨어졌다. '머니 토크' 시즌을 끝내고 지난 두 시즌을 비교해 본 바는 이렇다.

먼저 메시지의 주제. 아무것도 하지 않겠다 선언했지만 하고 싶은 일은 하는 두낫띵클럽 듀오는 'Do Nothing'의 모순과 위트를 잘 보여줬다. 노동절이라는 날짜와도 잘 맞물려 일하는 사람들이 메시지에 공감했다. 한편 '머니 토크'는 노동자와 돈이 떼려야 뗄 수 없는 관계라는 점에서 시작됐는데 메시지가 뾰족하지 못했다. 돈이라는 주제로 뭉뚱그려 생각하다 보니 콘텐츠 역시 모베러웍스의 색을 뚜렷하게 보여줬다기보다 '일하는 사람들의 재테크 비법' 같은 식으로 일반적인 경우가 많았다. 우리보다 훨씬 전문적으로 머니 토크를 하는 채널들이 많았고 이들과 차별화되는 지점이 없어 아쉬움을 남겼다. 우리는 금융 전문가가 아니었다. 돈을 벌고 싶다는 마음만 있었지, 머니 토크를 할 주제는 되지 않았던 것이다.

방식에 있어서도 과했다. 두낫띵클럽 시즌을 전개하며 '모쨍이'라고 불리는 팬이 생겼고 이들과의 소통이 활발해졌다. 모쨍이들과 함께 아이디어를 만들어나가는 과정에 자신감이 붙었고, 머니 토크 시즌 전체의 협업 대상을 모쨍이로 하는 실험을 해보자고 입을 모았다. 예상대로 위트 있는 아이디어들이 많이 나왔는데, 아이디어의 주체가 다수이고 랜선상에서 존재하다 보니 집중도가 떨어진다는 한계가 있었다. 숭과 규림이라는 명확한 페르소나가 플레이할 때보다 몰입감이 떨어졌다. 팬과 함께 시즌을 만드는 게 즐거운 실험이긴 했지만 모든 걸 팬과 함께 만든다는 건 욕심이 아니었을까 생각한다.

결과물은 다소 산만했다. '두낫띵 하기 위한 준비물을 만들고 노동절 잔치를 연다'라는 선명한 결과물이 있었던 두 번째 시즌에 비해 '머니 토크'의 결과물은 6주간의 머니 토크 라이브 콘텐츠, 새로운 캐릭터 Mr.TMI(Too Much Income), 400여 장의 영수증 등 여러 갈래로 뻗어나갔다. 새로운 인스타그램 계정(@toomuchincome)을 만들고 Mr.TMI라는 캐릭터가 "Too Much Income이 생긴다면 하고 싶은 일은?"이라는 질문을 던진 후 400명으로부터 답변을 받아 그림을 그려주는 이벤트를 진행했는데, 모춘이 일일이 그리고 스캔을 받고 업로드를 해야 하다 보니 리소스 측면에서 상당히 부담이 됐다. '비효율이 주는 감동'이 있는 이벤트였지만 육체적으로는 힘들었다.

우리가 말하고 싶은 메시지로 론칭한 첫 번째 시즌 'As Slow As Possible', 명확한 페르소나와 함께한 두 번째 시즌 'Do Nothing Club', 그리고 실험적인 세 번째 시즌 'Money Talk'를 전개하면서 배운 건 더 '좁혀서' 생각할 필요가 있다는 것이다. 시장은 점점 양분화되고 있다. 공룡 기업들은 기하급수적으로 매스(mass)해지고 있고 스몰 브랜드들은 작아지는 것 이상으로 마이크로(micro)해지고 있다. 우리 같은 브랜드가 주제 파악 못 하고 대형 브랜드처럼 움직이다간 가랑이가 찢어질 수 밖에 없다. 좁히고 또 좁혀야 한다.

우리 주제를 파악 못 하고 주제 이상으로 하고 싶은 마음이 들 때면

'보랏빛 수영장' 이야기를 떠올린다. 세스 고딘 Seth Godin 의 《마케팅이다》에 실린 이야기다. 도난 방지용 염색약이란 게 있는데, 가루 형태로 팔리는 이 염색약은 효과가 강력해서 한 스푼으로도 수영장 전체를 보라색으로 물들일 수 있을 정도라고 한다. 하지만 같은 한 스푼을 바다에 넣으면? 아무 일도 일어나지 않는다. 세스 고딘은 이 사례를 들어 바다 대신 수영장을 찾으라고 말한다. 무리해서 바다를 물들이려고 하지 말고, 하나의 수영장을 보랏빛으로 만들고, 또 다른 수영장 혹은 더 큰 수영장으로 넓혀가라는 것이다. 세스 고딘의 말에 따르면 "모든 것이 아니라 특정한 것을 대표"해야 하며, "모든 사람을 대상으로 삼겠다는 오만에서 벗어나면 모든 일이 수월해진다."라는 것이다.

이 책에서 저자는 "사람들은 무엇을 원하는가?"라는 질문이 잘못된 질문이라고 말한다. 정답은 "사람들은 저마다 다른 것을 원한다."라는 것이다. 평생 일하고 싶은 사람도 있고, 일보다 운동하는 것 혹은 술 마시는 것이 좋은 사람도 있고, 일이 놀이인 사람도 있는가 하면 고역인 사람도 있으며, 일에 대한 마음이 때에 따라 변하는 사람도 있다. 우리가 세상의 모든 일하는 사람들로부터 공감을 얻을 수는 없다. 바다를 물들일 수는 없는 일이다.

"이제 우리는 더 이상 모든 사람이 아니다. 그저 충분한 사람이면 된다."

세스 고딘, 《마케팅이다》, 쌤앤파커스, 2019

모두를 만족시키기 위해 가랑이를 찢고 있는 건 아닌지? 모든 사람을 위한 브랜드가 아닌, 그저 몇몇 사람에게라도 충분한 브랜드면 된다. 망망대해 같은 바다에서 눈을 돌려 수영장을 바라보자. 우리는 항상 되새긴다. 주제 파악을 하는 브랜드가 되자고. 큰물에서 놀아야 한다는 건 옛말이다. 작은 물에서 놀아도 된다. 보랏빛 수영장으로 충분하다.

오리지널리티, 틀림없는 우리 자신의 것

모베러웍스가 알려지기 시작하면서 어느 순간부터 짝퉁 제품을 자주 보게 된다. 카피의 종류도 가지각색이다. 한 치 오차도 없이 그래픽을 그대로 베끼는 제품도 있고 로고를 변형하거나 메시지만 따라하는 경우도 있다. 마음 같아선 전부 법적으로 대응하고 싶지만 법적 대응을 하며 소요되는 시간적, 정신적인 낭비를 생각하면 일일이 대응하는 게 우리 손해다. 이걸 알고 악의적으로 이용하는 것이다. 우리는 울며 겨자 먹기 식으로 당신들이 상표권을 침해했고 법적 대응 절차를 밟겠다고 통보하는 '내용 증명'을 보내는 정도로 대응하고 있다. 그나마 양심 있는 사람은 사과를 하고 카피한 제품을 폐기하기도 하지만, 가뿐히 무시하는 못된 업자들이 더 많다.

늘어나는 카피 제품들을 보며 우리는 '오리지널리티(originality)'에 대해 진지하게 생각하게 됐다. 우리 것을 널리 알리는 일만큼 '우리 것을 어떻게 지킬 것인가'도 중요한 화두로 떠올랐다. 창작의 고유성을 존중하지 않는 생산자의 무개념과 카피에 특화된 시장의 기술에 맞서 모베러웍스의 오리지널리티를 지켜내기 위해 우리는 무엇을 할 수 있을까.

무라카미 하루키는 ≪직업으로서의 소설가≫에서 오리지널리티에 대해 이야기하면서 뉴욕 타임스에 실린 글을 인용한다. 인용문은 데뷔 당시 비틀스에 대한 평가로, 저자가 생각하기에 이것이 가장 심플한 오리지널리티의 정의라고 이야기한다. 뉴욕 타임스에 실린 문장은 다음과 같다.

"그들이 창조해 낸 사운드는 신선하고, 에너지가 넘치고, 그리고 틀림없이 그들 자신의 것이었다."

오리지널리티를 위해서는 '틀림없음'이 필요하다. 틀림없는 우리 자신이 되어야 하는 것이다. 짝퉁 해프닝을 수차례 겪으면서 우리는 '반복'의 필요성에 대해 알게 됐다. 반복이야말로 틀림없는 것을 만들어주기 때문이다. 우리는 '새로움'에 대한 갈급함으로 언제나 다른 것, 신선한 것만을 만들어내려고 했는데 그보다 중요한 건 이미 갖고 있는 우리의 것을 단단하게 만드는 일이었다. '틀림없는 우리 자신의 것'이 많아질

수록 우리는 더 선명해졌다.

그동안 세 번의 시즌을 준비하면서 우리는 강박적이라 여겨질 만큼 계속해서 새로운 것을 찾아서 보여주려 했다. 새로운 사람, 새로운 캐릭터, 새로운 방식…. 하지만 새로움보다 뚜렷함의 필요성에 대해 느낀 후로는 'ASAP, As Slow As Possible'이라는 모베러웍스의 시그니처 메시지를 더 단단하게 만들기 위해 노력했다. 그래서 ASAP 라인의 제품군을 추가했고 반짝 잘 팔리는 것보다 꾸준히 사랑받는 스테디셀러를 만드는 일에 집중했다.

2021년 두 번째 노동절을 준비하면서도 우리는 '모베러웍스의 오리지널리티를 강화하는 것'에 제일 큰 목표를 두고 있다. 지난 노동절 잔치에서 보여줬던 모베러웍스의 정신을 더 선명하게 보여줄 수 있는 팝업 행사, 노동절을 상징하는 숫자 '501', 마스코트 '모조', '모베러웍스 로고' 등 모베러웍스를 더 선명하게 보여줄 수 있는 것들을 우선순위로 생각하며 일한다.

지금 쓰고 있는 책도 그렇다. 이 글은 '더 나은 일'에 대한 우리의 생각인 동시에 모베러웍스의 코어를 보여주는 작업이다. 반복하는 과정 속에서 우리가 단단해질 수 있다고 믿는다. 코어가 단단해야 새로움도 더 빛을 발한다. 우리는 틀림없는 모베러웍스가 될 때까지 계속해서

떠들어댈 계획이다.

누군가에게 모베러웍스의 그래픽은 쉽게 카피할 수 있고, 버려도 그만인 것일지 모른다. 하지만 우리에게 이 모든 생각과 메시지, 그리고 차곡차곡 쌓이는 이야기들은 그 어떤 짝퉁보다 신선하고, 에너지가 넘치고, 틀림없는 우리 자신의 것이다.

나만 알고 싶은 브랜드

모베러웍스는 '모쨍이'라 불리는 팬들이 있다. 팬의 숫자를 떠나 팬이 생겼다는 것 자체가 우리에게는 놀라운 일이다. 우리가 만든 제품을 사는 사람이 있다는 것도 신기한데 우리의 다음 활동을 기다려주고 응원해 주는 사람이 있다니.

아마 본인의 일을 시작하는 사람이라면 팬을 모은다는 일이 거대한 산처럼 느껴질 것이다. 우리는 그랬다. 모춘과 소호는 유튜브에서 구독자들에게 Q&A를 받는 것조차 어색하고 조심스러웠다. 궁금한 걸 물어봐 달라고 하면 정말 질문하는 사람이 있을까? 댓글을 달아달라고 하면 댓글을 달아줄까? 낯가림도 심하고 집돌이, 집순이인 우리는 다가가는 게 상당히 어려웠다.

이런 우리가 어떻게 팬을 모았는지 돌이켜 생각해 봤다. 곰곰이 되짚어 보면 중요한 시그널이 있었다. '나만 알고 싶다'라는 구독자의 반응. 사람들이 우리 채널 콘텐츠를 보고 나만 알고 싶은 채널이라고 말하고, 우리 브랜드를 나만 알고 싶은 브랜드라고 소개하기 시작했을 때가 변곡점이었다. 만약 이런 반응이 나타나기 시작했다면 아주 긍정적인 신호다. 사람들이 나만 알고 싶다고 생각하는 데는 중요한 이유가 있기 때문이다.

나만 알고 싶다는 건 남들이 따라하지 않았으면 하는 마음이다. 무언가가 나만의 고유한 정체성을 표현한다고 느낄 때 혼자 소유하고 싶은 마음이 든다. 나를 표현하는 무언가를 남들 역시 알거나 사용한다면 그 가치가 떨어지기 때문이다. 혁오 밴드가 처음 데뷔했을 때 '나만 알고 싶은 밴드'라는 수식이 많이 붙었다. 처음 혁오 밴드의 노래를 들은 사람들은 "혁오를 좋아한다."라고 말하는 것으로 본인의 개성을 드러냈다. 단지 그들의 음악을 좋아한다는 것 이상의 의미였다. 마찬가지로 어떤 브랜드를 나만 알고 싶다는 건 그 브랜드가 기능 이상의 가치를 갖고 있다는 것이다.

이 경우 무엇보다 '희소성'이 매력적인 요인이다. 당시에는 깨닫지 못했지만 모티비 채널의 마이너한 성격이 희소가치를 주는 요인이 되었던 것 같다. 브랜드라는 분야를 다루면서 구독자가 많은 채널은 거의 전무했기에 주제부터 마이너했고, 눈에 띄기 위해 안간힘을 다하는 썸네일 위주의 유튜브 세상에서 늘 같은 패턴의 썸네일을 쓰는 것도 색달라 보였을 것이다. 이렇게 채널의 마이너한 면모가 희소가치가 됐고, 우리 채널을 구독한 사람에게 '다른 사람보다 앞서서 발견했다'라는 감각과 동시에 '나만 알고 싶다'는 마음을 불러일으켰다고 생각한다.

나만 알고 싶은 마음이 드는 또 다른 이유는 '유용함'이다. 누구에게도 보여주고 싶지 않을 정도로 유용한 것일 때 그런 마음이 생긴다. 전교

1등한테 받은 노트라든가 대대손손 내려오는 시크릿 레시피를 만천하에 보여주고 싶은 사람은 드문 법이다. 맛있는 음식을 혼자 몰래 까먹어 보지 않은 사람이라면 모를까, 진짜 좋은 건 나만 알고 싶은 게 자연스러운 마음이다. 혼자 즐기고 싶을 정도의 뭔가를 만들어냈다면 이미 정말 유용한 걸 만들었고 더 많은 팬이 생길 수 있다는 신호다.

아이러니하게도 '나만 알고 싶은 브랜드'가 되면 빠른 시간 안에 '모두가 아는 브랜드'가 될 가능성이 높다. 사람들은 나만 알고 싶은 걸 오히려 더 적극적으로 알린다. 사람들이 모베러웍스나 모티비에 대해 블로그나 인스타그램에 남기는 글들을 찾아보면 나만 알고 싶지만 공유한다는 내용이 많다.

지금 뭔가를 만들고 있고 그걸 좋아해 주는 팬들이 생겼으면 하는 바람을 갖고 있다면, '어떻게 팬을 모을까' 생각하기 앞서 만들고 있는 것이 사람들로 하여금 '나만 알고 싶다'는 마음을 불러일으키는지 먼저 점검해 보는 것도 좋겠다. 이 관문을 넘었다면 지금 당장 팬이 없다 하더라도 자신감을 가져도 된다. 시간이 걸린다 하더라도 분명 당신이 만든 그것을 누구보다 좋아해 주는 팬을 만나게 될 것이다.

기브 앤 테이크 권법

"이런 것까지 다 보여줘도 돼?" 몇몇 사람들은 걱정스럽게 묻곤 한다. 제품을 만들어가는 프로세스, 파트너사에 프레젠테이션 하는 내용, 업계 선배와 고민 상담을 하며 듣는 사적인 조언들까지 모두 오픈해서 보여주는 우리를 의아하게 본다. 반면 이런 우리의 행동을 영리하다고 생각하는 사람들도 있다. 그들은 '독점의 시대'에서 '공유의 시대'로 세상이 바뀌었음을 간파하고 있다. 세계에서 가장 스마트한 기업 구글이 오픈 소스를 무료로 배포하고, 네이버가 소상공인을 위한 플랫폼을 무료로 제공하는 진짜 이유를 알고 있는 것이다. 더 이상 정보를 독점할 수 없는 시대가 됐다. 이제 세상은 너무나 열려 있고 열린 세상에서는 나눌수록 얻는다.

"공유하고 나누는 사람의 최종 이익이 커진다."

야마구치 슈 山口周, 《뉴타입의 시대》, 인플루엔셜, 2020

모티비의 <현실 조언> 시리즈는 브랜드를 전개하고 회사를 성장시키는 과정에서 선배들에게 조언을 구하면서 나눈 대화를 담은 인터뷰 시리즈로, 매 콘텐츠가 높은 조회 수를 기록한다. 이 콘텐츠를 만들며 우리는 '나눈 것이 어떻게 돌아오는지' 몸소 경험했다.

<현실 조언> 시리즈는 인터뷰 형식이기는 하지만 단지 질문하고 답변을 듣는 인터뷰라기보다 고민을 털어놓는 대화에 가깝다. 사전 질문지도 없다. 편안한 자리에서 수다 떨듯 말하다 보면 카메라가 켜진 줄도 모르고 대여섯 시간을 훌쩍 보내기도 한다. 이야기가 샛길로 새는 경우도 허다하고, 요점 없는 아무 말이나 할 때도 많다.

장장 6시간의 촬영본을 편집하기 위해 컴퓨터를 켜면 한숨부터 나온다. 원본 영상 용량이 커서 컴퓨터는 버벅대고, 편집은 고사하고 영상을 다시 보는 데에만 반나절은 걸린다. 영상을 보며 편집할 부분을 골라내는데, 편집하기가 여간 까다로운 게 아니다. 처음 얘기하던 주제에서 이야기가 한참 산으로 갔다가 대화 말미에 다시 그 주제로 돌아오기도 하고, 얘기하던 주제가 마무리되지 않고 끝나버리는 경우도 있다. 그렇게 6시간짜리를 10-20분 내외로 편집한 다음에는 자막 작업을 해야 한다. 20분짜리 영상은 자막을 다는 데만 4시간쯤 걸린다. 자막을 달고 나면 어깨가 결리고 눈알이 아프다.

그러다 한 번씩 현타가 온다. 대화하는 자리에서 충분히 영감을 얻고 소화했는데, 이걸 굳이 보기 좋게 편집하고 자막까지 달아서 나눌 필요가 있을까? 결론부터 말하자면 충분히 그럴 필요가 있다. 우리가 나이팅게일처럼 모든 걸 나눠주고 싶어서가 결코 아니다. 우리가 노력을 쏟은 만큼 돌아와서다.

<현실 조언> 콘텐츠는 다른 콘텐츠에 비해 사람들이 캡쳐해서 인스타그램에 올리거나 블로그에 포스팅하는 빈도가 훨씬 잦다. 개인적으로 노트에 기록해 두는 사람도 많다. 영상의 대화 내용 모두를 필사해서 포스팅하는 사람을 보기도 했다. 이렇게 콘텐츠가 자발적으로 확대되고 재생산되기에 이 시리즈의 조회 수와 시청 지속 시간은 월등히 높다. 그렇다 보니 모티비라는 채널을 알리는 데 있어서도 이 시리즈가 큰 역할을 했다. 모티비의 다른 콘텐츠는 보지 않아도 이 시리즈만큼은 본다고 하는 사람도 많다. 세상은 공평하게도 힘을 들인 만큼 보상을 해주는 것 같다.

주는 게 있으면 받는 게 있다. 우리는 이것을 '기브 앤 테이크 권법'이라 부른다. 이 권법은 우리가 만든 것도 아니고, 아주 오래 전부터 작용해 온 세상의 이치다. 심지어 동물의 진화에서도 이러한 이치가 발견된다. 하버드에서 박사 학위를 받은 로버트 트리버즈 Robert Trivers 라는 사람은 학문적으로 이 메커니즘을 증명했다. 그의 이론에 따르면 미래의 보답을 기대하며 남에게 도움을 주는 행위로 인해 인간을 비롯한 많은 동물들의 사회성이 진화한 것이다.

'청소놀래기'라는 작은 물고기는 이 메커니즘을 잘 설명해 준다. 몸집이 작은 청소놀래기는 덩치가 큰 물고기들의 몸을 깨끗이 청소한다. 아가미덮개 밑으로 파고들어 온갖 이물질을 제거하고, 입속에 들어가

치아 사이사이까지 스케일링하듯 씻어준다고. 재미있는 점은 이런 이유로 큰 물고기들이 청소놀래기를 잡아먹지 않는다는 거다. 그냥 한입에 꿀꺽할 수 있을 만한 작은 물고기에게 받는 도움이 너무 크기 때문에 공생 관계를 유지한다는 것. 오랜 시간 단골 서비스를 받기 위해 서로 돕는 관계를 유지하며 진화한다고 한다. 재미있는 기브 앤 테이크 관계다.

청소놀래기를 마다할 물고기가 없는 것과 마찬가지로 시장의 사용자들 역시 자기에게 도움을 주는 이야기들을 두 팔 벌려 환영한다. 상대방의 마음을 얻기 위해서는 먼저 도움을 주어야 한다. 좋아하는 사람에게 구애를 펼친다고 생각해 보라. 정성 담은 메시지도 보내고 선물도 주며 시간과 마음을 들인 만큼 상대방은 조금씩 빗장을 푼다. 브랜드도 마찬가지다. 다른 게 아니라 브랜드의 생존을 위해서 줄 수 있는 한 줘야 한다. 그것이 우리가 "이런 것까지 다 보여줘도 돼?"라는 질문을 받을수록 더 많은 걸 나누려 하는 이유다.

누브랜딩, 팬과 함께 만든다

누브랜딩(Nu-branding)은 우리가 일하는 법의 정수를 담은 브랜딩 방식이다. '누(nu)'라는 글자는 재즈와 댄스 음악이 합쳐진 새로운 장르를 일컫는 누재즈(Nu-jazz)에서 따왔다. 무언가 결합되어 새로운 형태를 만들어낼 때 쓰는 접두사다. 예상치 못한 방향으로 변주되고 결합되는, 새로운 방식의 브랜딩을 하고 싶었다.

누브랜딩을 끌어가는 주축은 누브랜더 대오다. 대오가 모빌스에 합류한 시점은 2020년 3월. 당시 모춘과 소호는 여러 외주 브랜딩 작업을 진행하고 있었다. 모베러웍스의 일이 우리가 하고 싶은 일이었다면 그때의 외주 일들은 하고 싶다기보다는 생계를 위한 일이었다. 외주에서 버는 수익으로 모베러웍스에 필요한 비용을 충당하는 식이었다.

우리가 대오를 찾아간 날은 쏟아지는 일을 물리적으로 감당하지 못하는 상황에 이르렀을 때였다. 미팅을 네 개쯤 연달아 하고 한밤중까지 일을 한 뒤의 귀갓길. 소호와 모춘의 연희동 집에 다다랐을 때쯤 대오가 사는 경기도 용인으로 차를 돌려 대오에게 같이 일하지 않겠느냐고 제안했다. 뜬금없이 밤에 찾아와 같이 일하자는 제안에 놀랐을 법도 한데, 그 자리에서 흔쾌히 수락한 대오에게 우리가 더 놀랐다.

대오가 출근한 후 우리는 외주 업무 이야기를 가장 많이 나눴다. 외주는 client work 혹은 B2B(business to business)라 불리는 일로, 기업에서 브랜딩을 의뢰하면 그에 맞춰 납품하는 업무였다. 당시에는 우리가 일하는 방식보다는 클라이언트의 요구 사항을 충족하는 데 치

중된 일들이 많았다. 생존을 위해 해야만 했지만, 그대로 수행하다가는 장기적으로 건강하게 일하지 못하는 구조가 될 터였다. 모베러웍스 브랜드를 전개하는 일처럼 보다 주체적으로 일할 수 있는 시스템이 필요했다.

누브랜딩 시리즈는 그렇게 시작됐다. 모티비 33화 '모빌스 랜선 집들이 그리고 대오의 브랜딩 출사표' 편에 그 어색한 시작이 잘 담겼다. 모티비 1화 '모춘의 출사표'만큼이나 오글거리는 시작이었다. 대오는 먼저 우리 팀 모빌스그룹을 브랜딩해, 모빌스다움이 무엇인지 정의하겠다고 선언했다. 어설펐지만 그날 이야기한 '멋있는 것보다 우리가 어떤 사람이냐가 중요하다', '우리의 개성과 성격을 보여줘야 한다', '과정을 보여줌으로써 친밀감을 쌓는다'라는 기조는 우리가 브랜딩을 해나가는 데 중요한 기준이 되고 있다.

결과물만 '짠' 하고 오픈하는 것이 아닌, 모자라더라도 솔직하게 시작부터 함께하는 방식이 모베러웍스라는 브랜드를 만든 주요 요인이었다면, 누브랜딩은 한 걸음 더 나아간 실험이었다. 팬과 함께 공동의 목표를 설정했다. 모빌스 브랜딩을 함께 하고 iF 어워드에 공동 수상자로 이름을 올리는 걸 목표로 세운 것이다.

누브랜딩 시리즈 첫 화에서 던진 질문은 단순했다. "모빌스를 떠올렸을 때의 키워드는?" 그 질문에 250개 가까운 댓글이 달렸다. 구독자가 5천 명도 되지 않았던 시기인 것과 보통 40에서 50개 정도의 댓글이 달리는 걸 감안하면 놀라운 결과였다. 기껏해야 스무 명 정도 달아주겠거니 생각했는데 의외의 댓글 수였고 더 놀라운 건 댓글의 밀도였다. 모티비의 구독자들은 우리보다 우리에 대한 이해도가 높았다. 모쨍이들은 변화구, 관성 깨기, 이야기꾼, 무브먼트, 모순, 아카이브, 노동자, 일, 유니온, 자유, 놀이, 연결, 솔직함, 마이너, 위트, 모티브, 여지 등의 키워드로 우리를 분석해 줬고 이는 우리 스스로를 다시 돌아보는 계기가 됐다.

'모호한 길을 모험하는 사람들의 모임(by 장종민 모쨍이님)'이라는 3행시도 인상적이었고, 최종적으로 택한 키워드 '퍼즐'과 '그룹사운드'는 우리가 많이 썼는데도 불구하고 놓치고 있던 단어였다. 특히, 퍼즐이라는 키워드가 좋았던 포인트는 '여지'가 있다는 점이었다. 누구나 퍼즐의 한 조각이 될 수 있고, 각각의 조각이 새로운 모양을 만들 수 있는 여지. 퍼즐은 우리가 생각하는 연대를 의미하기도 했다. 평면적인 퍼즐이 아닌 x, y, z축까지 입체적으로 확장되는 퍼즐이라면 더 무한한 가능성을 표현할 수 있을 것이라고 생각했고 이를 시각화해 모빌스의 아이덴티티를 만들었다.

대오가 정의한 퍼즐의 의미는 '조각나고, 분리되어 있고, 조합 가능하

146

고, 예상할 수 없고, 모이고, 흩어질 수 있음'이었다. 이런 퍼즐이 모빌 아트처럼 허공에 떠 있는 동시에 x, y, z축으로 확장하는 형태가 된다면 어떨까 생각했다. 우리는 착시 형태물(illusion sculpture)에서 힌트를 얻었고, 작은 사각형 조각들이 허공에 떠 있는데 특정 위치에서만 모빌스의 스펠링과 심볼이 보이는 3D 로고가 만들어졌다. 그룹의 멤버들이 직접 쓴 글씨체로 만든 로고타이프(logotype)와 영문 서체도 개발했고, 서체는 누구나 사용할 수 있게 배포했다.

영상을 통해 질문을 던지고 댓글을 받고 그걸 시각화한 다음, 다시 의견을 받아 최종 아웃풋을 완성하는 새로운 방식의 브랜딩이었다. 시리즈의 마지막 화는 과정에 참여한 145명 모쨍이들의 이름을 전부 담아 iF 어워드에 출품하는 과정을 기록했다. 국내에서는 팬과 함께한 유기적 브랜딩 방식이 새로움을 인정 받아 'KDA(Korea Design Award)' Finalist에 오르기도 했다. 수상을 해서 기분이 좋긴 했지만 더 좋았던 건 과정의 즐거움 때문에 이런 결과가 사실 크게 중요치 않은 프로젝트가 됐다는 거였다. 그래서 고백하자면 iF 어워드는 수상하지 못했다. 하지만 '상패 하나보다 더 값진 과정을 얻지 않았는가?'라고 위안해 본다.

누브랜딩은 우리만의 브랜딩 방식을 보여주며 확장되는 중이다. 이전의 외주 업무와는 다르게 우리 개성을 뚜렷하게 드러내는 방식으로 진

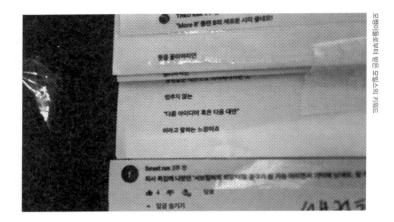

행되고 있으니 소기의 목적을 달성한 셈이다. 생계를 위해 일하고 단기적으로 소모되는 일이 아닌, 스스로가 재미있게 일할수록 우리 자산이 되는 선순환 구조가 만들어졌다. 무엇보다 팬과 함께 만든다는 것, 생산자와 사용자의 벽을 허무는 새로운 방식을 실험한다는 점이 우리에겐 고무적인 일이다. 팬과 함께 만드는 누브랜딩, 이 퍼즐 게임은 이제 시작이다. 앞으로 어떤 퍼즐을 만나 어떤 모양을 만들어낼지 무척 기대된다.

'뭘 보여줄까'보다 '어떻게 같이 놀까'

'나무위키'로 이 챕터를 시작하고 싶다. 모춘은 틈만 나면 나무위키를 본다. TV를 보다가 손흥민이 나오면 손흥민을 찾아보고, 이동 중에나 잠자기 전에도 끊임없이 나무위키에서 무언가를 검색한다. 소호도 모춘의 영향으로 나무위키를 새로운 시선으로 보게 됐다. 사람들의 자발적인 참여로 만들어진 백과사전, 나무위키를 보다 보면 가끔 경외감이 느껴진다. 아무런 보상이 없어도 사람들은 그것이 새로운 체험이기에 기꺼이 참여한다.

"오늘날 물건을 구매한다는 것은 단순히 그것이 어떤 기능을 가지고 있는가가 아니라 내가 그것으로 무엇을 할 수 있는가, 즉 그 제품을 통해 내가 어떤 새로운 체험에 참여할 수 있는가를 의미한다."

리완창 黎萬強, 《참여감》, 와이즈베리, 2015

'참여감'. 누브랜딩 시리즈를 전개하며 우리가 얻을 수 있었던 가장 소중한 키워드다. 사람들이 나무위키를 만드는 일에 동참하듯 누브랜딩 시리즈를 보는 많은 모쨍이들은 우리의 프로젝트에 '참여'했다. 그리고 사람들의 참여는 우리가 준비한 것 이상을 만들어냈다.

'누브랜딩 키트(Nu-branding kit)'는 제작할 계획이 전혀 없던 제품이었다. 그저 모빌스의 로고, 서체 등 기본적인 디자인과 함께 모빌스의 인상을 선명하게 하는 키트가 있으면 좋겠다는 생각만 있었다. 우리는 영상을 통해 "키트를 만든다면 어떤 구성품이 좋을까?" 물었고 사람들은 댓글을 달면서 '제품을 만드는 체험'에 참여하기 시작했다. '브랜드를 만들고 싶은 자신을 돌아볼 수 있는 질문이 담긴 일기장(by 스튜디오밀덴 모쨍이님)', '일하는 사람이 생각해 볼 만한 문답집(by Hongju Lee 모쨍이님)'과 같은 흥미로운 댓글이 달렸다. 그 외에도 많은 댓글들을 통해 사람들이 자신을 브랜딩하며 성장하고자 하는 마음이 크다는 걸 확인할 수 있었다.

모빌스가 누브랜딩 과정을 거쳐 모빌스다움을 찾았듯 더 많은 사람들이 더 선명한 스스로를 발견할 수 있는 키트를 만들어보자는 방향성을 구체화했다. 키트에서 핵심이 되는 누룰즈(nu-rules) 노트에는 나를 찾아갈 수 있는 90개의 질문을 담았다. 질문에 답을 하며 따라가다가 어려움에 처했을 때 열어보는 이머전시 카드(Emergency card), 아이디어를 시각화하며 발산해 볼 수 있는 양면 포스터와 포스트잇, 스티커도 구성했다. 그리고 제작하기 전 목업(mock-up) 디자인으로 선주문을 받았다. 실물 사진이 없었는데도 일주일 만에 1천 세트가 팔렸다. 별다른 광고 없이, 주문 후 3주나 기다려야 했던 걸 감안하면 놀라운 수치였다.

누브랜딩 키트는 출시한 지 수개월이 지난 후 사람들의 후기로 더 다채로워졌다. 애플리케이션이 계속해서 버전 업을 하듯, 우리도 사람들의 피드백과 함께 누브랜딩 키트를 발전시켜 나가고 싶었다. 그래서 사람들의 후기를 모아 라이브 방송을 통해 이야기 나누었고, 사용법이 한 번 더 정리되면서 사용자들이 참고할 수 있는 레퍼런스가 쌓였다.

샤오미의 공동 창업자 리완창은 그의 책 ≪참여감≫에서 사용자들이 "단순히 제품을 구경하고 만져볼 뿐 아니라 참여를 통해 그 브랜드와 함께 성장하고 싶어 한다."라고 말한다. 모티비의 구독자들도, 모베러웍스의 팬들도 마찬가지다. 단지 우리의 콘텐츠를 시청하고, 제품을 살 뿐만 아니라 우리와 함께 성장하고자 한다. 댓글을 통해 직접적으로 참여하는 것만이 참여는 아니다. 영상을 캡쳐해서 보관하거나 자기만

보는 노트에 몇 문장을 써보는 것도, 우리를 보고 스스로에 대해 한 번쯤 곰곰이 생각해 보는 것도 참여라고 생각한다. 그 과정에서 브랜드와 팬이, 생산자와 사용자가 함께 성장한다고 믿는다.

우리는 '어떤 걸 만들어서 보여줄까?'보다 '어떻게 하면 같이 재미있게 놀까?'를 생각한다. 혼자서 풀리지 않는 아이디어도 같이 수다 떨며 깔깔대다 보면 풀리기 때문이다. 한 인터뷰에서 팬들이 우리 브랜드에 대해 어떻게 느꼈으면 좋겠는지 질문 받은 적이 있다. 이에 "같이 놀고 싶은 마음이 들었으면 좋겠다."라고 대답했다. 우리는 사용자와 생산자 사이를 허물고 일과 놀이의 경계도 허물면서, 함께 놀듯이 일하고 함께 성장하는 모습을 그린다. 그러다 보면 어느 미래에는 나무위키처럼 대단한 백과사전이 탄생할지도 모를 일이다.

빈틈으로 빛이 들어온다

"완벽하려고 애쓰지 마세요. 모든 것엔 틈이 있답니다. 그 틈으로 빛이 들어오죠."

레너드 코헨 Leonard Cohen , 가수이자 시인

친구를 사귈 때, 그 친구와 친해졌다는 생각이 드는 순간은 서로 속내

를 터놓기 시작할 때다. 연인 관계도 그렇다. 서로의 모난 면을 보고 난 뒤에도 그 사람 자체로 받아들여질 때 진짜 사랑이 시작된다. 우리 브랜드가 팬들과 관계를 만들어가는 방식도 비슷했다. 만드는 사람의 결점, 여러 가지 위기 속에서 힘들어하는 모습, 그럼에도 고군분투하는 모습들이 모베러웍스와 모쨍이 사이에 단단한 고리를 만들었다.

사실 모자란 모습은 가능한 보여주고 싶지 않다. 일 잘한다 큰소리 쳐놓고 못하는 모습을 보이기 싫고, 유쾌하게 살자 선언해 놓고 우울한 모습을 보이기 싫다. 하지만 어떻게 일을 매번 잘하고, 삶이 어떻게 매일 유쾌하겠나.

2020년 겨울은 우리에게 특히 힘들었다. 유쾌한 일들로만 가득했던 2020년 상반기를 보낸 후 날씨가 쌀쌀해지면서 시련도 함께 불어닥쳤다. 가을을 지나며 소호는 모든 일을 쉬어야 할 만큼 건강이 안 좋아졌고, 12월에는 모춘의 어머니께서 작고(作故)하셨다. 이런 춥고 어두운 일은 어디에도 이야기하고 싶지 않았다. 조용히 묻어두고 넘어가려 했다.

딜레마였다. '솔직함'을 가장 중요한 가치로 내걸고 그 덕분에 많은 사람을 얻게 됐는데, 과연 어디까지 솔직해야 하는 것일지 고민이 깊어졌다. 지극히 개인적인 일이었지만 모춘과 소호의 공백은 팀 전체가 함께 하는 일에 영향을 미치고 있었고, 공백에 대한 솔직한 설명 없이 일을 얼마나 지속할 수 있을지에 대해서 확신이 서지 않았다.

모든 걸 솔직하게 내비치는 데는 시간이 걸렸다. 두 달간의 공백 후, 우리는 추웠던 겨울의 기록을 담은 영상을 내보냈다. 쉬운 일은 아니었다. 영상을 보고 불편해하는 사람도 분명 있었을 것이다. 우리도 많이 걱정했다. 유쾌함을 추구하는 모베러웍스의 브랜드 이미지도 타격을 받을 거라 생각했다. 실제로 어느 정도 타격을 받았을지도 모르겠다. 그 영상을 보고 떠난 구독자도 분명 있을 테고.

하지만 이 계기를 통해 우리를 지지해 주는 팬들과는 훨씬 끈끈해졌다. 있는 그대로의 모습을 응원한다는 댓글은 그 어떤 말보다 위로가 됐다. 힘든 일을 겪은 후 곁에 남아 있는 친구가 평생 친구가 되듯 우리를 기다려주고 지지해 준 팬들과 더 오랜 관계를 지속할 수 있을 것 같다는 자신감이 생겼다.

빈틈을 보여주기 전에는 빈틈으로 물이 샐 거라고만 생각했다. 지나고 보니 괜한 걱정일 뿐이었던 것 같다. 빈틈을 통해서 바람도 솔솔 통하고 빛도 들어왔다. 이제는 캄캄한 어둠이 두렵지만은 않다. 우리 모두의 인생에는 빈틈이 있기 마련이다. 그 빈틈으로 빛이 들어올 수 있도록 자리를 내어주자.

7. 왜 함께 일하나?

퍼즐 조각을 모아 하나의 그림으로

사용자의 능력치를 표현한 정육각형 '스탯(stats)'을 본 적이 있는지?
게임이나 스포츠에서 주로 볼 수 있는 육각형 스탯의 꼭짓점에는 각각
스피드, 정신력, 체력 등의 능력이 쓰여 있고 특정 능력이 강할수록 꼭
짓점에 가까운 좌표가 찍힌다. 좌표를 연결해 새로운 육각형을 만들면
사용자의 능력이 시각적으로 표현된다. 꽉 찬 육각형에 가까울수록 완
벽한 능력을 갖춘 것이다.

우리의 업무 역량으로 육각형 스탯을 만들어 본다면 어떨까. 각 꼭짓
점에는 감각, 끈기, 속도, 에너지, 멘탈, 매력과 같은 능력이 있다고 가
정하고서 말이다. 각각의 능력치가 높다고 생각한다면 꼭짓점에 가깝
게, 낮다면 꼭짓점에서 멀어지게 좌표를 찍어보라. 좌표를 연결하면 어
떤 도형이 만들어지는가? 혹시 꽉 찬 정육각형인 사람이 있는지? 만약
그렇다면 대성할 사람이거나 자기 객관화가 안 되는 사람, 둘 중 하나
일 것이다. 우리 팀 중에는 그 누구도 꽉 찬 정육각형 스탯을 가진 사
람이 없다. 각자의 스탯은 모두 어느 한 방향으로 일그러져 있다. 하지
만 우리의 스탯을 모아 포개면 육각형의 모양이 달라진다. 정육각형에
가까운 모양이 된다. 이것이 우리가 함께 일하는 이유다.

모춘과 소호 두 사람이 일을 시작했을 때의 스탯을 합치면 양쪽으로

우뚝 솟은 모습이었다. 그런데 함께 일하는 사람이 하나둘 늘어갈수록 퍼즐 조각이 맞춰지듯 우리 전체의 육각형은 완만한 형태를 이루었다. 모티비 6화와 7화는 첫 번째 퍼즐 영수와 두 번째 퍼즐 주연의 이야기다. 2019년 9월 당시 우리 일은 두 갈래였다. 모베러웍스 브랜드를 만드는 일과 브랜딩 외주 일. 호기롭게 벌여놓긴 했는데 모춘과 소호 두 사람만으로 모두 소화하기에는 역부족이었다.

브랜드 론칭을 위해 기획과 디자인으로만 존재하던 것을 실물로 생산해야 했는데 우리는 책상에 앉아서 일하는 것밖에 할 줄 몰랐다. 그 무렵 모춘은 친구 영수가 운영하는 의류 브랜드의 그래픽 디자인을 도와주고 있었는데, 오랫동안 의류 업계에 있었기에 생산에 대한 노하우가 있는 영수가 우리를 흔쾌히 도와주겠다 했다. 모춘과 소호 두 사람과 달리 영수는 서울 곳곳을 누비며 부딪치고 만들어내는 걸 잘하는 사람이었다. 현장을 즐길 줄 아는 능력치를 갖춘 첫 번째 퍼즐, 영수 덕분에 우리의 스탯에 하나의 꼭짓점이 추가됐다.

브랜딩 외주의 경우 난이도가 높았다. 일이 있을 땐 몰리고, 없을 땐 전혀 없는 들쑥날쑥한 상황 속에서 가장 필요한 능력은 안정감. 모춘의 스탯에서 가장 취약한 꼭짓점이었고 우리가 아는 사람 중 안정감 능력치가 가장 우뚝 솟아 있는 사람이 주연이었다. 라인에서 함께 일했던 주연은 어떤 상황이 휘몰아쳐도 완성도 있는 결과물을 내는 동료였다.

당시 주연은 네이버 퇴사 후 덴마크에 터를 잡으며 일을 잠시 쉬고 있었고, 우리는 원격으로 함께 일해보자 제안했다. 그때만 하더라도 팬데믹이 닥치기 전이어서 화상 미팅을 하며 원격으로 일한다는 것 자체가 새로운 실험이었다. 주연은 모티비에 잘 드러나진 않았지만 모빌스가 자리잡는 데 든든한 지원군이 되어 주었다.

회사를 운영하고 있는 모춘, 대오, 소호 각자의 스탯도 뚜렷하게 치우쳐 있다. 사주로 비유하면 모춘은 뾰족한 금, 대오는 묵직한 금, 소호는 호롱불이다. 뚜렷한 개성을 가진 모춘은 고유의 색을 만들어내고, 대오는 특유의 무게감과 맷집으로 묵직하게 받쳐주고, 소호는 잔잔하게 불을 비춰주는 역할을 한다. 안살림은 소호가, 바깥 살림은 모춘과 대오가 전담한다. 모춘과 대오가 잘 못하는 돈 계산은 소호가 맡는다. 경영을 담당하다 보니 대표도 소호가 맡고 있지만 사교성과 영업력이 떨어지는데 이걸 모춘과 대오가 채워준다.

종종 사람들이 "소호님은 왜 화면에 안 나오세요?"라고 묻는다. 카메라 앞에서 이야기하는 것을 잘 못하기 때문이고, 잘하는 사람이 하면 된다고 생각하기 때문이다. 하기 싫은 일을 애써 하기보다는 잘할 수 있는 일을 더 찾아서 하려고 한다. 못하는 일을 발라내고 잘하는 일에 더 집중하다 보면 능력치가 좋은 쪽으로 뚜렷해진다.

개인의 스탯은 더 뾰족하게, 팀의 스탯은 훨씬 완만하고 단단하게 만들기 위해 노력한다. 개개인은 부족할지라도 모이면 해낼 수 있다. 완벽한 한 사람보다 모자란 여럿이 더 큰 일을 만들어내기도 한다. 모춘혼자, 혹은 모춘과 소호 둘뿐이었다면 지금까지 버틸 수 없었을 거라확신한다. 아마도 대오를 찾아갔던 날에서 얼마 지나지 않아 무너졌을것이다. 우리는 무너지지 않고 더 오래 일하기 위해 퍼즐을 모은다. 제각각의 퍼즐 조각들이 모이고 모이다 보면 언젠가 완전한 정육각의 다이아몬드를 만들 수도 있지 않을까.

그룹사운드처럼 일한다는 것

모빌스그룹의 '그룹'은 그룹사운드에서 따왔다. 레드핫칠리페퍼스 Red Hot Chili Peppers , 더도어스 The Doors , 비틀즈 The Beatles , 섹스피스톨즈 Sex Pistols 처럼, 우리 스스로를 지칭하는 팀명이자 회사명이 밴드 이름을 연상시키길 바랐다. 멤버들이 각각 고유의 개성을 갖고 있으면서도 그룹의 컬러 역시 잃지 않는 밴드처럼 일하면 좋겠다고 생각했다. 지역 클럽에서나 창고에서 초라하게 시작하지만, 점차 팬이 생기고 새로운 문화를 만드는 그룹사운드들이 멋져 보였다.

모티비는 듀오에서 트리오로, 팀으로 확장됐다. 시작할 때의 채널명은 <MoTV 모춘 브랜드 제작기>였다. 대오가 합류한 후 대오의 <누브랜딩> 시리즈가, 훈택이 입사한 후에는 훈택의 <신입 디자이너 생존기>시리즈가 추가됐다. 시리즈를 새롭게 만들며 중요하게 생각했던 것은 멤버의 '개성'이었다. 모춘이 있는 그대로의 자기 모습을 보여줬듯 대오와 훈택도 솔직한 모습을 드러냈다. 모춘 브랜드 제작기를 보지 않더라도 누브랜딩 시리즈나 신입 디자이너 생존기는 챙겨 본다는 사람이 생겼고, 각자의 팬덤도 생겼다. 개인의 개성이 뚜렷해지는 동시에 그룹의 컬러도 다채로워졌다. 그 시점에 우리는 유튜브 채널명을 <MoTV>로 바꾸었다.

방송을 만들기 위해서는 연기자뿐만 아니라 PD와 작가, 수많은 스태프들이 힘을 모은다. 우리는 이 '밸런스'가 그룹사운드의 조화를 이루어내는 핵심이라 생각한다. 모춘이 브랜드 제작기에서 주연이라면 소호는 PD이고, 대오가 누브랜딩 시리즈의 주연이라면 모춘은 조연이 되기도 한다. 훈택 역시 자기 콘텐츠에서 주연이었다가 라이브 방송을 할 때는 엔지니어링을 총괄하는 PD가 되기도 한다. 지우도 어느 날은 라이브 방송 작가, 어느 날은 누브랜딩 시리즈 조연출이다. 팀에 합류한 지 얼마 안 된 혜린은 지금까지 카메오 출연만 했지만 다음엔 어떤 콘텐츠의 주연이 될지도 모른다. 각자 맡은 역할은 때에 따라 변하고, 우리는 그에 맞춰 일한다.

라이브 방송 준비 중인 모벤수팀블

중요한 기준은 '각자가 고유의 개성을 뿜어낼 것', 동시에 '전체의 밸런스를 이룰 것'. 이 기준에만 부합한다면 어떤 역할을 하건 크게 개의치 않는다. 하나의 목표로 함께 힘을 합쳐 일할 때도 마찬가지다. 각자 잘하는 분야에서 개성을 발휘하되, 전체의 맥락을 살피기 위해 노력한다. 이게 우리가 생각하는 '그룹사운드처럼 일하는 것'이다.

같은 일을 두고도 멤버들이 생각하는 관점은 저마다 다르다. 매주 각자의 업무 일기를 기록하는 <위클리 모빌스>를 보면 생각이 얼마나 제각각인지, 우리도 신기할 때가 있다. 시즌 론칭을 앞두고 촬영을 하는 주간에 소호는 매출 성적표를 받을 생각에 떨린다고 썼고, 대오는 '촬영장에서 춤출 때 기분 좋음'이라는 한 줄을 남겼으며(춤추는 영상과 함께), 훈택은 처음 간 촬영장에서 배운 것을 적으며 잘 기억해 뒀다가 다음 촬영에서 잘 핸들링하고 싶다는 다짐을 남겼다. 큰 산을 바라보며 달려가는 모춘과 제 몫을 해내려 애쓰는 훈택의 이야기가 대조를 이루기도 한다. 한 사람의 관점이 아닌 각각의 관점을 읽는 것이 보는 사람에게는 관전 포인트가 된다. 마치 밴드 음악을 듣는 사람이 보컬의 목소리만 듣는 것이 아니라 기타리스트의 선율도 듣고, 드럼의 박자도 타는 것처럼.

언젠가 대오가 '중력'이라는 단어를 꺼냈다. 쓸모나 효용이 없음에도 마치 중력에 끌리듯 갖고 싶은 브랜드가 되고 싶다는 얘기를 하면서였던 것 같다. 어떤 밴드를 좋아하는 이유도 비슷한 것 같다. 큰 이유가 있어서라기보다 그냥 좋고, 그냥 끌린다. 우리 브랜드도 그랬으면 한다. 이유 없이 끌리는 그룹사운드의 노래처럼, 중력이 깃든 브랜드가 되면 좋겠다.

느슨해선 안 되는 '느슨한 연대'의 아이러니

'느슨한 연대'라는 말은 거창해 보이지만 그리 대단한 마음에서 출발했던 건 아니다. 단단하게 연대할 성격도 못 되고 책임감도 없었기 때문에 시작한 것이었다. 어딘가 소속되거나 속박되지 않고 자유롭게 협업하고 싶다는 마음이었다.

우리는 영수와 주연을 시작으로 숭, 규림과 느슨한 연대를 맺고 협업했다. 두낫띵클럽 친구들과 일할 때는 유난히 질문을 많이 받았다. 우리 회사 소속이 된 건지, 계약서는 썼는지, 수익은 어떻게 나누는지, 인건비를 물어보는 사람도 있었다. 그러나 구체적으로 정한 건 단 하나도 없었다. 함께 이루고자 하는 목표와 해야 할 일들의 목록만 있을 뿐이었다. 일이 진행될수록 혹시나 어그러지진 않을지 걱정이 될 때도 있었지만 일하는 재미가 모든 것을 앞섰다. 계획한 모든 일이 끝난 후에야 성과를 공유했고 우리가 생각하는 상식 수준에서 수익을 나눴다.

우리는 협업을 돌아보며 모든 게 잘 마무리되어 가슴을 쓸어내리는 한편으로, '느슨한 연대'라는 달콤한 말 뒤에 따라오는 위험에 대해 이야기했다. 느슨한 연대라는 말은 아이러니였다. 느슨해서는 높은 목표를 달성할 수 없었다. 계약과 같은 형식만 느슨했을 뿐이지 일에 있어선 훨씬 강한 유대가 필요했다. 서로의 역할과 책임도 분명해야 하고 무엇보다 강한 신뢰가 요구됐다. 결론적으로 전부 느슨하지 않았기 때문에 좋은 결과를 얻을 수 있었다.

"약한 연결의 진정한 가치는 구체적인 기대를 하지 않을 때 드러나는 법이다. 약한 연결은 많은 경우에 개인적인 만남을 통해 시작된다. 또한 어떤 사람을 아무런 목적 없이 먼저 도와줄 때 그 가치를 드러낸다. 우리가 베푼 호의는 마술처럼 어느 순간 다시 우리 곁에 돌아오며, 그 과정은 참으로 신비하게 이루어진다."

리처드 코치 Richard Koch , ≪낯선 사람 효과≫, 흐름출판, 2012

또 하나의 아이러니는 서로에게 바라는 게 없었고, 그래서 더 강한 신뢰가 형성됐다는 점이다. 일이라는 측면에서 기대하는 바는 있었지만 금전적인 보상에 대해서는 사전에 계산하지 않았다. 지금은 처음부터 비용이나 보상 관계는 명확히 합의해야 한다는 생각도 하지만, 기대 없이 도움을 주는 서로의 호의가 예상을 뛰어넘는 결과를 가져다준 것은 부인할 수 없는 사실이었다.

구체적인 보상보다는 목표를 바라보며 최선을 다했고, 상대방에게 들인 노력은 고스란히 자신에게 돌아와 모두를 만족시켰다. ≪낯선 사람 효과≫의 저자 리처드 코치는 단기적으로는 아무런 보상이 없다 하더라도 거시적인 차원에서 우리가 주고받는 모든 것들은 크고 따뜻한 원

노동절 전자 배너 설치 중인 호랑과 구림

을 만들어낸다고 말한다. 다양한 인맥, 눈에 보이지 않는 관계와 연결, 우리를 둘러싼 모든 것들이 상호주의라는 끈으로 연결되어 원을 이루고 있으며, 우리가 먼저 베푸는 호의는 다시 돌아오게 마련이라고.

두낫띵클럽과의 연대뿐만 아니라 우리가 경험한 모든 '느슨한 연대'는 다섯 글자 자체만으로 설명할 수 없는 아이러니와 신비로움의 연속이었다. 역할에 대한 책임과 신뢰가 정말 느슨해졌을 때는 실패를 맛보기도 했고, 기대 없는 도움을 주고받으며 값진 성취를 얻기도 했다. 최근에도 여러 팀들과 연대를 이어가고 있는데 '느슨한 연대'라는 말은 예전만큼 잘 쓰지 않는다. 이 또한 아이러니다. 정말 성공적인 연대는 누구보다 '쫀쫀한 관계'를 선물해 주었기 때문인 것 같다. 결국 협업에 있어서 느슨하다거나 하는 단어는 중요하지 않다. 함께 승리하기 위해서는 진정으로 마음과 마음을 모으는 것만이 필요한 것 아닐까.

합주의 맛, 존중으로부터

2020년 2월 (주)모빌스그룹이라는 이름으로 법인을 세운 후 약 1년여의 시간 동안 우리는 많은 파트너사와 함께 일했다. 구글 Google, 인스타그램 Instagram, 제주맥주, 네이버 Naver, 오뚜기, 롯데월드 Lotte World, 닥터지 Dr.G, 뉴발란스 New Balance 까지. 모티비를 통해 공개된 일도 있지만 그렇지 않은 일도 많다. 주위에선 생긴 지 1년이 안 된 신생 회사가 어떻게 그리 큰 회사들과 일할 수 있는지 묻는다.

그 이유는 파트너들에게 '존중'이 있었기 때문이라고 생각한다. 우리는 모티비를 통해 최대한 솔직하게 우리가 일하는 방식과 태도, 장점과 단점을 있는 그대로 보여줬다. 모티비를 본 파트너들은 우리에 대한 깊은 이해와 존중을 바탕으로 일을 제안했다. 솔직함이 우리만의 영업방식이 된 것이다. 협업 사례가 쌓일수록 파트너로부터의 신뢰도도 높아졌고 더 다양한 파트너와 연결될 수 있었다.

또 하나의 이유는 '사람 대 사람'이라는 관점으로 이야기할 수 있다. 우리는 모빌스그룹이라는 회사 이전에 모춘, 소호, 대오라는 사람이다. 마찬가지로 아무리 큰 회사라 해도 회사 이전에 담당자라 불리는 사람이 있다. 회사 생활을 해본 사람이라면 일이 생각보다 '담당자의 사심'에 의해 크게 움직이는 걸 경험해 보았을 것이다. 회사의 큰 맥락에서 크게 벗어나지 않는다면 결국 담당자 한 사람의 판단이 일을 끌어가는 데 있어 큰 역할을 한다. 재미있는 건 우리를 찾아오는 파트너사의 담당자들이 '모쨍이'인 경우가 많다는 사실이다. 오뚜기의 담당 부장님도 모베러웍스 초창기에 ASAP 후드 티를 구매했던 모쨍이였고, 구글의 담당 부장님도 언제나 모베러웍스의 제품을 한아름 구매해 주시는 VVIP 모쨍이이며, 롯데월드의 담당자분도 우연히 전시장에서 만난 모쨍이었다. 뉴발란스의 담당자분들도 첫 미팅에서 '모밍아웃'하며 모쨍이임을 밝혔다. 우리 그룹이 잘나서 큰 기업들과 협업했다기보다는 '사람 대 사람'으로서 함께 일하고 싶은 마음 덕분에 이들과 함께 일할 수 있었던 것 아닐까 생각한다.

이들처럼 '모밍아웃'하며 우리를 찾아오는 경우 대부분 일이 일사천리로 진행된다. 당연히 해야 하는 회사 소개를 하지 않아도 누구보다 우리에 대해 잘 파악하고 있다. 그래서 회사 대 회사라기보다는 담당자분들과 우리 팀원들이 한 팀이 되어 일한다. 오뚜기의 누룽지를 현대적으로 재해석한 '밥플레이크'라는 제품을 만들 때에 모베러웍스는 제품이 돋보일 수 있는 캐릭터를 만들어 모티비 콘텐츠를 통해 모쨍이들

과 함께 세계관을 발전시켰고, 이를 담은 패키지를 디자인했다. 그리고 오뚜기는 전통적인 식품 회사로서의 전문성과 기술력으로 높은 퀄리티의 누룽지를 만들었다. 서로에 대한 존중을 바탕으로 각자 잘하는 악기를 다루었기에 성공적인 합주를 할 수 있었다.

미국의 전설적인 래퍼 나스 NAS 와 내셔널 교향악단 The National Symphony Orchestra 의 합주를 본 적이 있는지? 나스는 힙합 역사상 최고의 음반이라 불리는 'Illmatic' 앨범의 발매 20주년을 기념하며 내셔널 교향악단과 케네디 센터에서 함께 공연했다. 미국 빈민가에서 자란 나스와 대통령 교향악단으로 불리는 내셔널 교향악단의 만남이다. 상극일 것 같은 두 그룹이 합주를 하는 방식은 정말 멋있다. 나스는 클래식 음악에 맞춰 가사나 곡조를 바꾸지 않고 랩을 한다. 교향악단 역시 억지로 래퍼를 따라가려 애쓰지 않고 언제나처럼 우아하게 연주한다. 이 자체로 합주는 조화를 이룬다.

우리가 생각하는 이상적인 합주의 모습도 이런 것이다. 누군가에게 맞추려 애쓰지 않고 서로의 개성을 존중하며 각자가 가장 잘하는 악기를 연주하고, 그 자체로 조화로운 합주를 이루는 것. 우리는 더 이상 '클라이언트'라는 말을 쓰지 않는다. 상대방이 일을 의뢰하고 우리가 그 일을 수행하는 일방적인 관계가 아닌, 함께 합주를 하는 '파트너'라고 생각하려 한다. 이런 합주를 해보고 싶은 사람들이 우리를 더 찾아와 줬으면 한다. 악기를 연주할 준비가 된 사심 가득한 담당자가 있다면 언제든 환영이다. 다음엔 어떤 연주자가 우리를 찾아올지 기대된다.

8. 어떤 팀이 되고 싶은가?

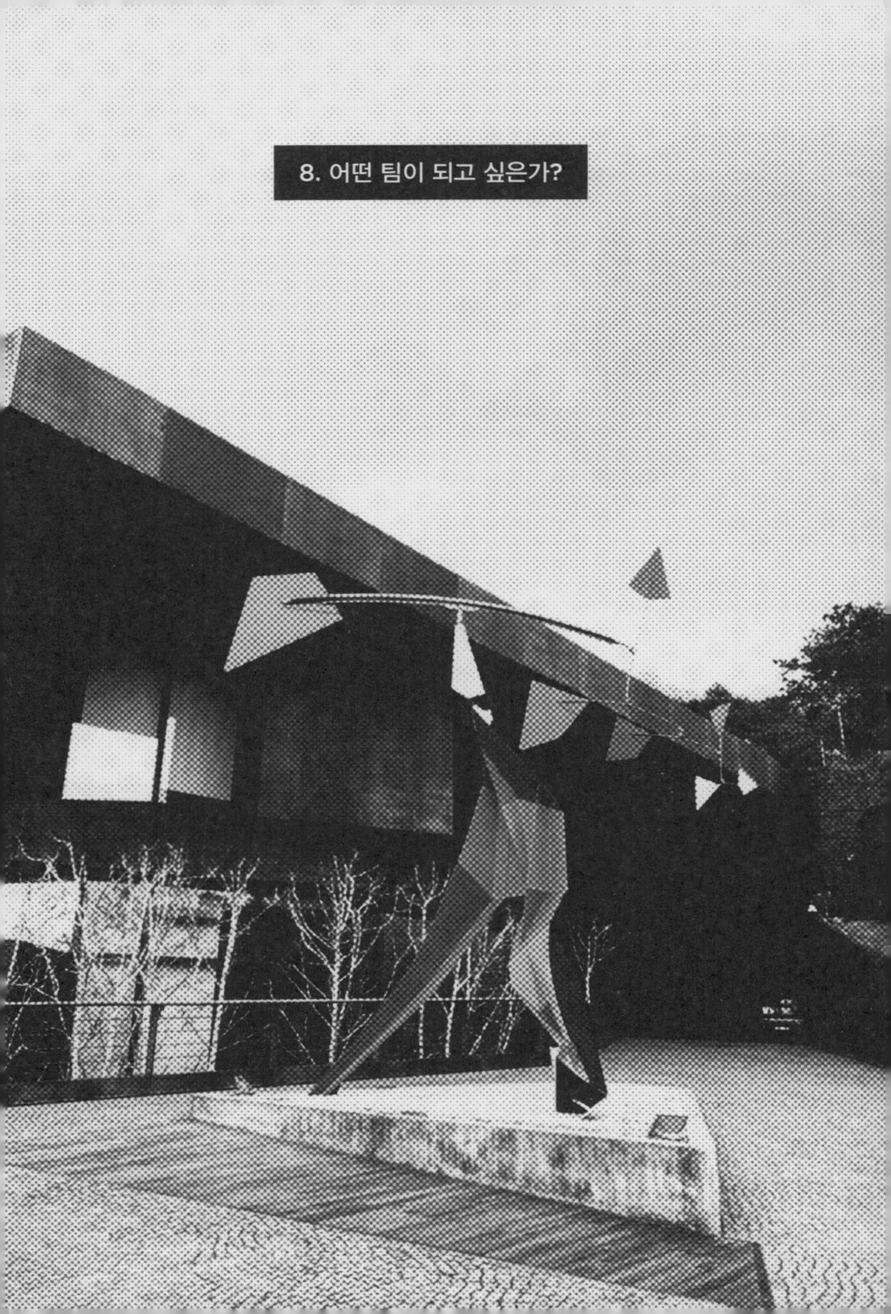

이성보다 이상, 생각보다 느낌으로

큰 기업을 다닐 때 '이상주의자'라는 수식은 주로 부정적인 뉘앙스를 풍겼다. 냉철하게 일 처리를 하지 못하고 꿈만 꾸는 사람에게 주로 붙는 단어였다. '일을 못한다'는 말과 다름없기도 했다. 회사에서 인정받지 못하는 이상주의자 그룹에 속하지 않기 위해 마음 속에서 피어오르는 이상을 은근슬쩍 숨긴 적도 있다.

기업의 울타리를 벗어나 스스로의 일을 꾸미면서 알게 된 건 우리가 누구보다 이상주의자라는 사실이었다. '세상은 이런 걸 원한다'라거나 '브랜딩은 이렇게 해야 한다'라는 식의 판에 박힌 말을 들으면 반발심부터 들었다. 더 나은 게 있을지도 모를 일 아닌가? 단지 머릿속 상상으로만 가능한 일이라 하더라도 아예 불가능하다고 치부하는 건 시시했다.

거창한 상상만이 이상은 아니다. 이상의 사전적인 뜻은 '생각할 수 있는 범위 안에서 가장 완전하다고 여겨지는 상태'다. 각자 생각할 수 있는 범위 안에서 상상하면 된다. 모두가 일론 머스크 Elon Musk 처럼 우주여행을 꿈꿀 필요는 없다. 자기 그릇의 크기를 알고, 그릇을 채울 수 있는 상상력이 있다면 그것으로 충분하다. 우리도 그저 우리 그릇 안에서 마음이 흘러가는 대로 상상력을 펼치며 일한다.

우리 멤버들의 MBTI에는 하나의 공통점이 있다. 세 번째 알파벳이 모두 'F'라는 점이다. 아는 사람도 있겠지만 세 번째 알파벳은 사고형 (Thinking)이냐 감정형(Feeling)이냐에 따라 나뉜다. 사고형(T)은 논리적이고, 분석적이며, 객관적으로 판단하는 반면 감정형(F)은 사람과 관계에 관심을 갖고, 정서적인 판단을 한다고 한다. 팀에 논리적인 사고를 하는 사람이 단 한 명도 없다는 사실을 알고 조금 섬뜩하긴 했지만 그게 우리의 성향이라는 건 부인할 수 없는 사실이다.

우리가 일을 벌이는 기준은 이성보다 이상, 전략보다 재미다. 계획을 세워봤을 때 전략적으로 성공할 것 같은 일을 하는 게 아니라 '이거 하면 재미있겠는데' 하는 감정이 드는 일을 한다. 오랜 시간을 들여 일을 꾸민 적이 없고 대부분 즉흥적으로 달려든다. 음악으로 치면 즉흥 연주와 같다. 어떤 사람이 피아노 연주를 시작하면 그 가락에 맞춰 색소폰을 불고 드럼이 리듬을 맞춘다. 순서나 리듬이 바뀌는 것쯤은 그리 중요하지 않다. 오히려 변주된 가락이 재미있는 음악을 만든다.

그런데 즉흥 연주에는 약간의 부작용이 있다. 빠르게 결정하다 보니 실패가 잦다. 모베러웍스 세 번째 시즌을 앞두고 우리는 '쇼'를 해보자고 입을 모았다. 모티비를 통해 이야기를 들려주는 우리의 방식이 브랜딩이라기보다 하나의 쇼처럼 느껴져서 토크 쇼를 기획했다. 브랜드를 만드는 걸 넘어 쇼를 한다고 생각하니 재미있을 것 같았다. 하지만

'머니 토크' 콘셉트의 라이브 토크 쇼를 시작한 후, 쇼는 우리에게 맞지 않는 옷이었다는 걸 알게 됐다. 마음은 <유 퀴즈 온 더 블럭>이었지만 우리는 유재석이 아니었다. 쇼를 하는 그룹이라고 당당하게 인터뷰까지 했지만 더 이상 '쇼'라는 키워드는 쓰지도 않는다. 기록으로 남은 인터뷰 자료를 보면 민망하긴 하지만 사실 크게 신경 쓰지 않는다. 실패를 인정하고 리셋하면 그만이라고 생각한다.

무수한 실패를 겪으면서 알게 된 희망적인 사실은 완전한 실패란 없다는 거였다. 우리의 토크 쇼는 시원치 않았지만 6주 동안 라이브를 진행하면서 라이브 방송에 대한 노하우가 쌓였다. 처음 라이브를 할 때는 스트리밍 프로그램도 쓸 줄 몰랐고 장비 하나 없이 어설펐는데 이제는 제법 프로페셔널하다. 그러다 국내에서 가장 큰 디자인 행사 중 하나인 서울디자인페스티벌(SDF)에서 진행하는 라이브 토크를 우리 팀이 엔지니어링하고 모티비에서 생방송으로 송출하기도 했다. 의외의 수확이었다.

이 책에 쓴 내용 중에서도 시간이 지난 후 봤을 때 '에이, 이건 아니었는데'라고 후회할 내용이 있을지 모른다. '생각보다 느낌이라니…'라며 얼굴을 붉히고 있을지도. 하지만 지금의 기록은 우리 그 자체다. 나중에 뒤돌아봤을 때 어설프고 부족한 점이 많아 보일지라도 이게 우리인 걸. 어떤 사람은 자신이 뱉은 말을 번복하는 게 모자람을 보여주는 행동이라 생각하고 부족했던 과거를 숨긴다. 그러나 우리는 아니라고 생각되면 머리를 긁적이며 말을 바꾸는 편이 낫다고 생각한다. 민망함은 순간이다. 그것이 현재의 우리를 있는 그대로 받아들이게 만든다. 우리가 흑역사의 기록을 지우지 않고 남겨두는 이유이기도 하다.

MBTI의 '감정형'은 결과보다 과정을 중시하는 성향이라고 한다. 나중에 지우고 싶은 과거가 될지언정 지금 우리가 재밌다고 느끼는 일을 계속해서 벌이고 싶다. 완벽한 결과를 가져오지 못하더라도 모자란 과정 속에서 함께 울고 웃는 매일을 즐기는 일이 우리에겐 더 중요하다. 너무 많은 생각(think)에 허우적거리는 하루보다는 필(feel) 충만한 하루를 보내는 게 더 좋다.

일하는 방식을 실험한다

"실험한다는 것은 자신에게 틀릴 수 있는 자유를 준다는 의미다."

시어도어 다이먼 Theodore Dimon, 《배우는 법을 배우기》, 민들레, 2017

"우리는 일하는 방식을 실험하는 사람들입니다."라고 우리 스스로 소개할 때가 많다. 우리에게 실험이란 과학 실험처럼 이론이나 현상을 관찰하고 측정하는 종류의 것은 아니다. 통념에 의심을 품고, 기존의 관성을 깨며, 새로운 방식으로 부딪히는 태도에 가깝다.

일을 하다 보면 '으레' 하는 것들의 함정에 빠지기 쉽다. 지금까지 해왔으니까, 주변에서 다 하니까 의심하지 않고 관성적으로 하는 것이다. 우리 역시 꽤 오랜 기간 동안 대다수가 움직이는 방향을 따라 일했다. 하지만 스스로 의심을 품고 질문하기 시작하자 보이지 않던 가치들이 보였다. '사회에서 인정하는 대기업만이 나를 성장하게 하나?', '디자이너는 그림만 그리는 사람인가?', '브랜드는 꼭 멋진 모습만 보여줘야 하나?', '굳이 일주일에 다섯 번 사무실로 출근해야 하나?', '점심시간 말고 걷는 시간도 있으면 좋지 않을까?', '꼭 직급을 붙여야 하나?', '회사에서 정해준 직종으로만 살아야 하나?' 이런 끝없는 의심과 질문들이 일하는 방식을 실험하도록 이끌었다.

만든 걸 팔 때도 마찬가지였다. '꼭 남들처럼 팔아야 하나? 우리 방식대로 팔 수는 없을까?' 질문했다. 두낫띵클럽과 모베러웍스의 두 번째 시즌을 론칭하면서 우리는 유튜브를 통해 실시간 쇼케이스를 내보냈다. "여러분, 제가 한번 팔아보겠습니다."라는 모춘의 멘트로 시작하는 쇼케이스 영상이었다. 라이브로 모쨍이들과 소통하며 우리 제품을 소개하고, 그러던 중 판매 페이지의 오타를 제보받고 바로 고치기도 했으며, 영상 중간에는 어이없는 홈쇼핑 스타일의 광고를 끼워 넣기도 했다. 엉성한 점은 많았지만 우리다운 판매 방식이었다.

물론 우리도 '남들이 하는 방식대로' 해볼 때도 있다. 남들이 다 좋다고 하는 데에는 이유가 있을 테니까. 누브랜딩 키트를 팔 때 우리는 인스타그램 광고를 두고 내적 갈등을 겪었다. 우리 방식대로 누브랜딩 키트를 선보이며 라이브 쇼케이스를 진행하는 20여 분 동안 500개의 선주문을 받는 쾌거를 이루었지만, 다들 한다는 광고를 한다면 더 많이 팔 수 있을 것 같았다. 그래서 200만 원을 들여 광고를 집행했고, 광고를 통해 판매된 누브랜딩 키트는 단 6개에 그쳤다.

우리는 이 모든 게 실험이라고 생각한다. 우리 역시 관성대로, 혹은 남들이 하는 대로 일하곤 하지만 중요한 건 항상 의심하고 질문하는 태도다. 또한 실험은 틀려도 된다는 것을 전제로 한다. 뭔가를 만들어 파는 일은 엄연한 사업이지만 우리는 그보다 '프로젝트'를 한다고 생각한다. 프로젝트라고 생각하면 마음이 한결 가볍다. 잘되는 프로젝트가 있으면 안되는 프로젝트가 있고, 프로젝트 하나가 망한다고 해서 팀 전체가 망하는 건 아니다. 롱 라이프 디자인 숍 디앤디파트먼트D&DEPARTMENT 의 정식 명칭은 '디앤디파트먼트 프로젝트'다. 창업자 나가오카 겐메이長岡賢明 가 숍 이름에 '프로젝트'라는 단어를 넣은 이유도 같은 맥락이다. 나가오카 겐메이는 "디앤디가 아무리 마음에 들어도 아직 프로젝트 실험 중이니 무조건 믿기보다는 좋은 가게 만들기 실험 과정에 동참하는 것이라고 생각해 주기를 바랐다."라고 말한다.

'일하는 방식을 실험한다'는 건 틀려도 되고 실패해도 된다는 마음가짐을 갖고, 의심하고 질문하는 일을 멈추지 않는 것. 우리다운 방식을 계속해서 발견해 나가는 일이다. 지금껏 당연하게 생각하던 것들에 물음표를 붙여보자. 당장 대답할 수 없는 물음도 있을 테고 더 깊은 고민을 안겨주는 물음도 있겠지만 괜찮다. 그 물음들에 정답이란 없다. 부딪혀 보는 것 자체로 가치가 있다. 부딪히며 깨지기도 하겠지만 실험의 묘미를 알게 될 것이다. 우리의 실험을 살펴본 사람들이 자기만의 실험을 시작하고, 자기다운 방식을 찾을 수 있길 바란다.

이야기 추종자들

우리는 모두 이야기 추종자들이다. 소호는 어릴 적부터 책에 파묻혀 사는 책벌레였고 모춘은 매일 영화를 두 편씩 보는 영화광이었다. 지우를 처음 봤을 때 우리를 매료시켰던 건, 작은 노트에 손 글씨로 쓴 자기 이야기였고, 훈택과 함께 일해야겠다고 생각한 계기는 매일 먹는 밥에 대한 이야기를 담은 '밥 기록'이라는 이름의 기록물이었다. 혜린의 졸업 작품을 보며 우리 마음이 움직인 이유도, 모쨍이들이 대오의 누브랜딩 영상을 좋아하는 이유도 모두 이들의 스토리텔링 때문이다.

같은 사건을 두고 어떻게 이야기 하는지에 따라 그 사건은 별것 아닌 일이 되기도 하고 극적인 이야기가 되기도 한다. 모춘과 소호의 퇴사도 이 세상에 존재하는 무수한 퇴사들과 별반 다를 것 없는 사건이었다. 하지만 우리는 그것을 이리저리 주물러 이야기로 만들었고, 그 이야기에 사람들은 공감하고 감정 이입했으며, 그저 그런 하나의 사건이 우리만의 의미 있는 이야기가 되었다. 아무것도 아닐 수 있는 사건들을 하나의 이야기로 만드는 일이란, 이 자체로 즐거운 일이다. 불과 1년 동안 우리에게 일어난 사건들도 이야기로 엮어보니 한 권의 책이 되었다. 이 역시 이야기의 놀라운 힘이 아닌가.

우리는 브랜드를 만드는 사람들이지만 어쩌면 브랜드는 '이야기'를 하기 위한 도구일 뿐일지도 모르겠다. 모베러웍스라는 브랜드를 만들었지만 정작 우리가 하고 싶었던 건 '더 나은 일에 대한 이야기'였으니까. 모베러웍스라는 '브랜드'는 언젠가 사라질지도 모른다. 우리에게 더 이상 모베러웍스의 제품을 만들 돈이 없어지거나, 만들었는데도 사는 사람이 없어진다면 브랜드도 없어지고 말 것이다. 하지만 모베러웍스라는 브랜드는 우리에게 하나의 프로젝트일 뿐이다. 우리에게 더 중요한 건 '이야기'다. 그리고 우리의 이야기는 브랜드가 없어진다 하더라도 사라지지 않을 것이다. 브랜드가 망한 이야기라니, 이 얼마나 재미있는 이야깃거리인가?

<더 오피스 The Office>라는 미국 시트콤을 좋아한다. 던더 미플린

이라는 제지 회사 사무실에서 벌어지는 에피소드를 다룬 페이크 다큐멘터리 형식의 시트콤이다. 철딱서니 없는 눈치 꽝 지점장 마이클, 똘끼 충만 야망남 드와이트를 주축으로 한 등장인물들은 모두 나사가 풀려 있는데 하나같이 매력적이다. 어이없이 웃긴 이 시트콤을 더 좋아하게 되는 이유는 일의 희로애락이 오롯이 담겨 있기 때문이다. 웃기지만 웃을 수만은 없다. 왠지 모를 위로도 많이 받았다. 시즌 9를 마지막으로 이 시트콤이 끝났을 때는 나도 모르게 눈물이 흘렀다. 내가 마치 던더 미플린의 직원이기라도 한 듯한 느낌이었다. 우연히 오프닝 음악을 들을 때면 시트콤을 보며 울고 웃었던 기억이 떠올라 가슴이 찡해지기도 한다.

감히 비교는 할 수 없겠지만 우리 이야기도 이 시트콤처럼 사람들의 일상에 스며들었으면 하는 바람이다. 나사가 하나쯤 풀린 시트콤 속 캐릭터들의 일상에 우리가 울고 웃었듯, 모베러웍스의 이야기가 누군가의 일상에 자리잡고, 모자란 우리로 인해 울고 웃는 누군가가 생긴다면 좋겠다.

최근 '모든 일은 계획대로 되지 않는다'라는 제목의 <위클리 모빌스>를 업로드했다. 계획했던 계약이 불발되었지만 덤덤하게 받아들이는 소호의 이야기, 노동절을 앞두고 주말에도 출근하며 정신없는 시간을 보내는 모춘의 이야기, '많이 컸다'는 얘길 많이 들어 힘이 된다는 지우의 성장 이야기, '달려보자'는 말과 함께 바쁜 한 주를 채운 혜린의 이야기, 퇴근 후 지우와 삼겹살을 구워 먹는 시간이 너무 재미있다는 훈택의 이야기, 입사 1주년을 맞아 '대오가 꼽은 1년간 기억에 남는 사건사고'를 월별로 한 문장씩 정리한 대오의 이야기까지. 그저 그렇고 평범한 우리들의 일 이야기를 담은 글이었다. 특별한 이벤트도 없고 반짝이는 영감도 없으며 유려한 문장은 더더욱 없다. 하지만 우리는 이런 보통의 이야기, 어딘가 모자란 이야기가 갖는 힘을 믿는다.

이 글에 달린 댓글 하나를 소개하고 싶다. '모빌스의 이야기엔 희로애락이 고스란히 담겨 있어서 보는 이로 하여금 더 애정이 솟게 하는 것 같다. 모빌스의 일원은 아니지만 그 길을 동행하는 기분이 든다(by DOMADO 모쨍이님)'라는 글이었다. 많은 사람이 열광해 줄 때도 기분이 좋지만 이런 댓글을 볼 때면 어느 때보다 큰 기쁨을 느낀다. 진짜 '우리가 연결되어 있다'는 생각이 든다. 보잘것없어 보이는 여정일지라도 동행하고 싶다고 말해주는 사람이 있기에 우리는 힘을 얻고 계속해서 이야기한다. 언제까지나 일의 희로애락을 고스란히 담아내는 이야기 추종자로 살고 싶다.

우리가 망했을 때를 상상한다

"우리가 어떻게 망하게 될까?" 요즘 우리가 나누는 대화는 종종 '망함'으로 시작한다. 망했을 때의 시나리오를 그려본다. 어느 날 우리 이야기가 사람들의 공감을 얻지 못한다. 모티비의 구독자 수가 줄어들고 모베러웍스의 매출이 급하강한다. 파트너사들이 우리를 찾지 않는다. 법인 통장 잔고가 바닥나 다음 달 나눠 가질 월급이 없다. 더 이상 회사를 운영할 고정비를 감당할 수 없다. 눈물을 머금고 폐업 신고를 하며 소호가 말한다. "우리 망했다."

가상의 상황 속 우리에게 질문을 던져본다. 지금 기분이 어떠냐고. 미래의 우리는 뭐라고 대답할까. 돈은 없지만 내가 하고 싶은 일을 했기에 자존감만큼은 얻었다고 말할까? 그렇지 않으면 돈도 잃고 나도 잃었다고 말할까. 우리는 후자가 되는 것이 최악이라고 생각한다.

우리는 '돈도 잃고 나도 잃는' 최악의 상황을 맞지 않기 위해, 돈이 일을 덮치는 상황을 가능한 막으려고 한다. 돈을 위한 일은 '고정비를 충당하는 정도로만' 하자는 생각을 한다. 사무실 운영비나 월급과 같이 매달 나가는 고정비는 어떻게든 확보해야 하는 돈이다. 이 돈을 벌기 위해서는 하고 싶은 일, 하기 싫은 일을 따지기란 어렵다. 하기 싫더라도 해야 한다. 내가 원하는 그림은 잠시 내려놓고 누군가의 손과 발이 되어야 할 수도 있다. 하지만 딱 여기까지다. 돈을 벌기 위한 일이 정도를 넘어가는 순간 우리 자신의 만족도가 현저히 낮아진다. 우리는 이 비중을 최대한 잘 지켜내려고 노력한다.

사실 처음에는 비중 조절을 잘 못했다. 대오가 합류할 무렵, 우리는 한 회사로부터 연간 계약과 투자 제의를 받았다. 당시 우리 회사 고정비보다 훨씬 웃도는 금액이었다. 그 돈이 생긴다면 회사도 유지하면서 모베러웍스 브랜드에 들어가는 제작비도 충당하고, 인력을 더 충원할 수도 있을 터였다. 그 계약을 성사시키기 위해 우리는 최선을 다했다. 그런데 그 회사는 우리가 무엇을 잘하고 못하는지, 어떤 방식과 태도로 일하는지 잘 몰랐다. 우리를 가성비 좋은 도구 정도로 여겼던 것 같다. 계약 성사 전, 서로 합을 맞춰본다는 명목으로 한 달 정도를 함께 일해보고 우리는 깨달았다. 깨달았다기보다는 정신이 번쩍 들었다. 이건 아니구나. 회사 눈치 안 보고 내가 하고 싶은 일 하겠다고 퇴사했는데, 회사 상사보다 더 눈치를 보면서 일하고 있는 우리 모습이란… 불쌍하고도 구렸다.

그 일을 계기로 일을 선택하는 기준이 더 명확해졌다. 우리 앞에 놓인 여러 일을 두고 하는 첫 질문은 '고정비를 위해 해야 하는 일인가?'이다. 그렇지 않다면 마지막 질문을 한다. '우리답게 할 수 있는 일인가?' 그 외에는 어떤 것과도 타협하지 않는다. 이런 원칙 때문에 놓친 일도, 파트너도 많다. 하지만 결론적으로 우리 고유의 색이 더 뚜렷해졌으며, 다수는 아닐지라도 명확한 목표를 갖고 찾아오는 소수의 사람들 덕분에 아직까지는 순항 중이다.

회사를 운영하며 사업에 대해 여러 가지 조언을 듣는다. 우리가 일하지 않아도 굴러갈 수 있는 비즈니스 구조를 만들라거나, 일을 가리지 말고 받은 다음에 인력을 아웃소싱하라거나, 일을 하기 전에는 수지 타산부터 따져보라거나. 모두 맞는 말이다. 하지만 우리는 청개구리처럼 의심하고 질문을 던진다. '우리가 하고 싶은 일을 하면서 사업을 굴릴 수는 없나?', '하고 싶은 일만 가려 받으면 왜 안 되나?', '수지 타산보다 중요한 게 있진 않을까?' 이런 질문들이 우리를 타성에 젖지 않고 깨어 있게 만든다.

"내일 죽는다면?"이라는 질문을 던지면 오늘 할 일이 명확해진다고 한다. 같은 의미로 "내일 우리가 망한다면?"이라는 질문을 던져본다. 망하기 전날, 우리가 할 일은 무엇일까. 아마도 돈 안 되는 그림을 그리거나, 통장 잔고를 모두 올인해 만들고 싶었던 걸 만들거나, 모든 일을 제쳐두고 멤버들끼리 어디론가 여행을 떠날 수도 있겠다. 확실한 건 수지 타산을 맞추기 위해 남 눈치 보느라 전전긍긍하는 일을 하지는 않을 거라는 사실이다.

우리가 망했을 때를 상상한다. 주머니에 땡전 한 푼 남아 있지 않을 그 때에 우리는 무슨 이야기를 나누고 있을까? 스스로에게 떳떳한 마음으로, 우리에게 훈장처럼 남은 지난 모험들에 대해, 하나하나의 실험들이 얼마나 재미있고 신났는지에 대해 밤새 이야기 나눌 수 있을까? 아쉬움 없이 하고 싶은 일을 다 했기에 후회 없다고 말할 수 있을까? 이 실패쯤은 훌훌 털어버리고 다시 시작하면 그만이라고 당당하게 얘기할 수 있을까? 그럴 수 있다면 좋겠다. 담대한 마음으로 마지막 날을 상상한다. 그날이 오기 전에 꼭 하고 싶은 일이 떠오른다. 내일 출근하면 그 일부터 해보기로 한다.

나가며

2021년 4월, 모베러웍스의 두 번째 노동절 행사를 앞두고
이 글을 쓴다. 2019년 8월, 모티비 1화를 올린 후 지금까지
120편 넘는 영상을 업로드했고, 구독자는 4만 명을 바라보고 있다.
두 명으로 시작한 모빌스는 곧 일곱 명이 된다. 혹자에겐 하찮은
기록일 수 있지만 우리에겐 값진 성취다. 이 책도 그렇다. 누군가는
시시하다며 던져버릴지 모르지만 어찌 됐건 이 책은 우리 모습 그
자체다. 글은 엉성하고, 막상 세상에 선보이자니 어쩐지 부끄러운
마음이 들지만 이 기록이 있는 그대로의 우리 모습이라는 점에는
한 치의 부끄러움이 없다. 모티비 1화를 올릴 때와 같은 마음이다.

모티비와 함께한 지난 시간 동안 알게 된 흥미로운 사실이 하나 있다.
우리 기억이 영상을 중심으로 재편된다는 점이다. 분명 훨씬 많은
일들이 벌어졌는데, 머릿속에는 편집된 이야기만 남아 있다.
시간이 지날수록 기억의 양분화는 더 뚜렷해진다. 영상에 담기지 않은
일은 곧잘 흩어지고, 영상으로 내보낸 기억은 훨씬 선명해진다.

이것은 '어떤 기억을 남길지 우리가 선택할 수 있게 됐다'는
말이기도 하다. 우리 앞에 벌어지는 무수한 일들을 우리식대로
편집해서 새로운 이야기로 만들 수 있는 것이다.

이 사실은 우리가 일하며 살아가는 데 작은 위안을 주는 발견이었다. 수많은 풍파가 온다 할지라도 그 이후 일어난 일들을 이어붙여 새로운 이야기로 편집할 수 있다는 사실. 그 이야기는 난관에 부딪혀 무너지는 이야기가 될 수도, 무너졌지만 다시 딛고 일어서는 이야기가 될 수도 있다. 중요한 건 우리 스스로 이야기를 만들어낼 수 있다는 것, 그리고 그 이야기는 언제든 재편집할 수 있는 하나의 실험일 뿐이라는 것이다.

또한 이것은 누구나의 일과 삶에 적용할 수 있다. 지금 당장 일이 잘 안 풀리고 꽉 막힌 벽에 둘러싸여 있다 하더라도 그것을 어떻게 이야기하고 기억할지는 오롯이 자신의 몫이다. 처음 시작한 이야기를 멈추거나 바꾼다 해도, 두 번 세 번 돌아가도 상관없다. 우리에겐 얼마든지 실험할 수 있는 자유가 있다. 세상의 시선에서 벗어나 오직 자신에게 귀 기울여 보기를, 저마다의 자유를 찾아 나서보기를 바란다. 이 페이지까지 왔다면 기꺼이 뛰어들 준비가 됐으리라 믿는다.

자, 이제 프리워커의 세상으로 가 보자!

Mobills Nu-Typeface

Nu-Branding Typeface has Published 24 June 2020.
Through The Youtube Channel Called MoTV.

ABCD

EFGHIJK

LMNOP

QRSTUV

WXYZ

A Little Joke For Free Workers

Mobills / Mobetterworks / MoTV
Nu-Typeface Designed by Theo The Nu-Brander

Object

Discover The Persona
You Were Looking for

Subject

<u>01</u>   <u>02</u>   <u>03</u>   <u>04</u>   <u>05</u>

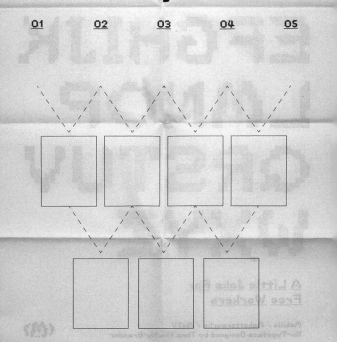

rk Big Money

Deep Diver

mobills-group.com
mobetterworks.com

Deep Diver

mobills-group.com
mobetterworks.com

Small

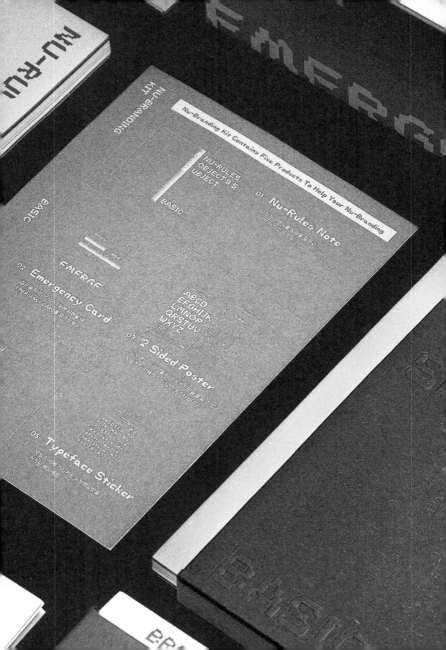

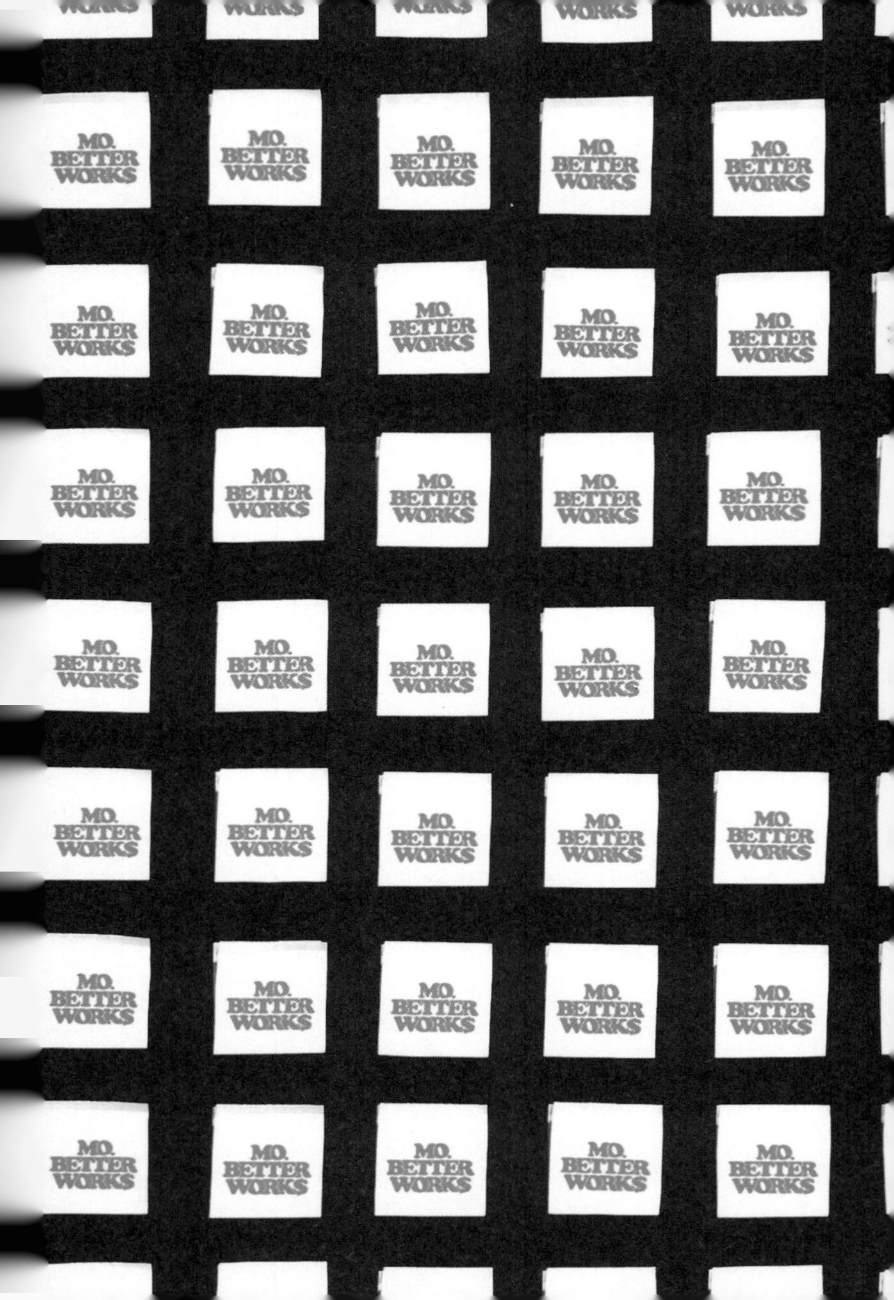
MO. BETTER WORKS

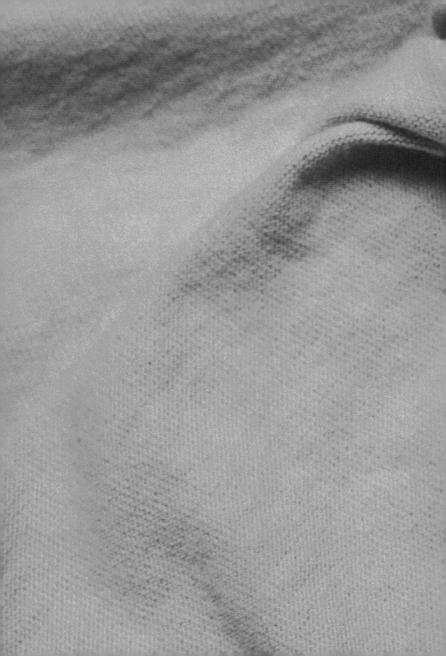

A LITTLE JOKE
FOR FREE WORKERS

MACHINE WASH. TUMBLE DRY
LOW TEMPS. MILD DETERGENT.
AVOID CHLORINE BLEACH.
DO NOT IRON DESIGN

COTTON 100%

LAUNDRY CARE

30°c   80-120°c   DRY

MADE BY MOBETTERWORKS
MADE IN KOREA

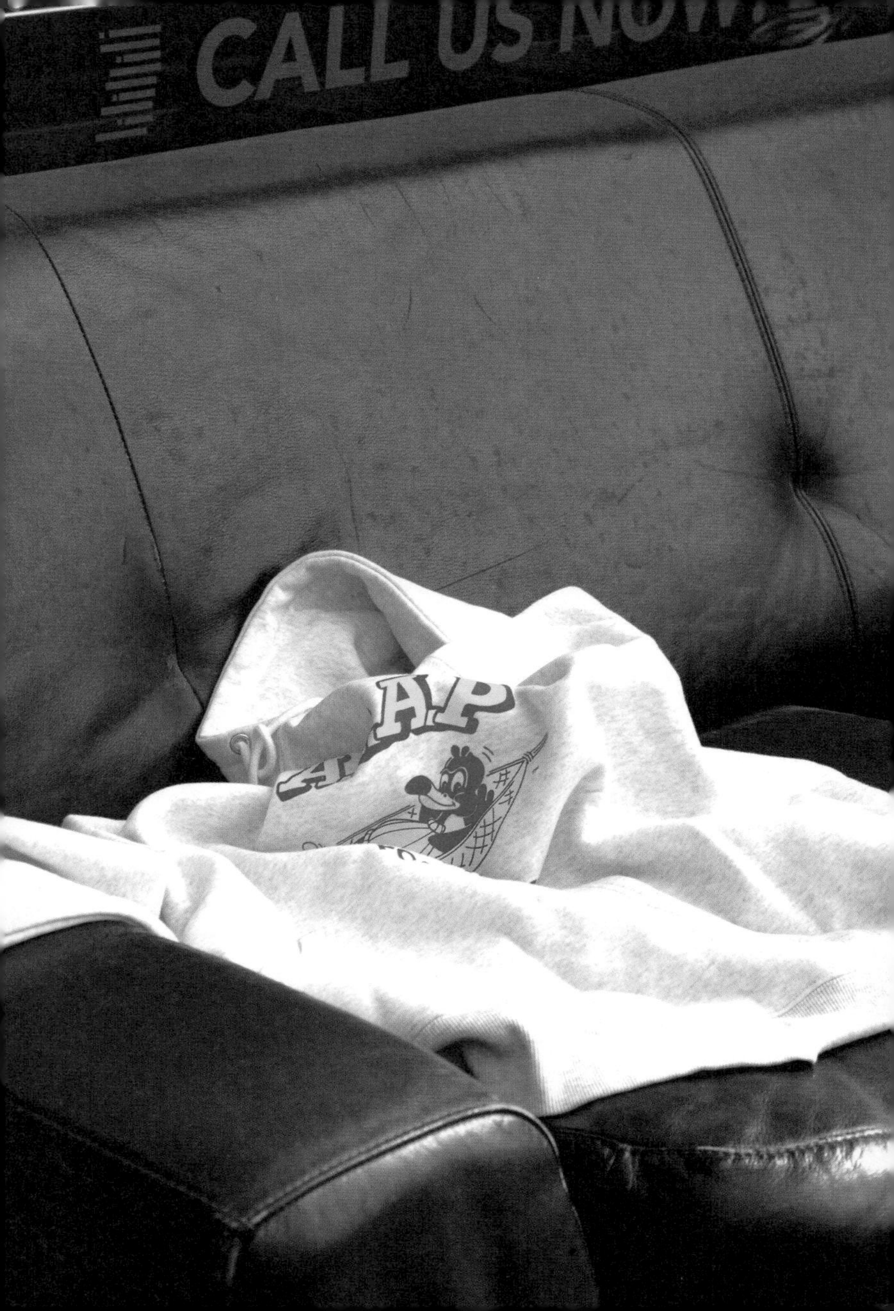
CALL US NOW

**AS SLOW AS
POSSIBLE**

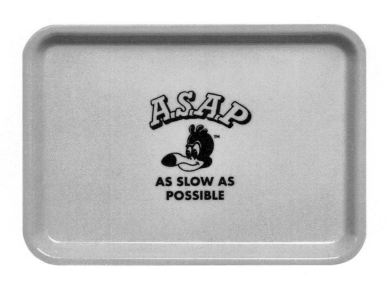

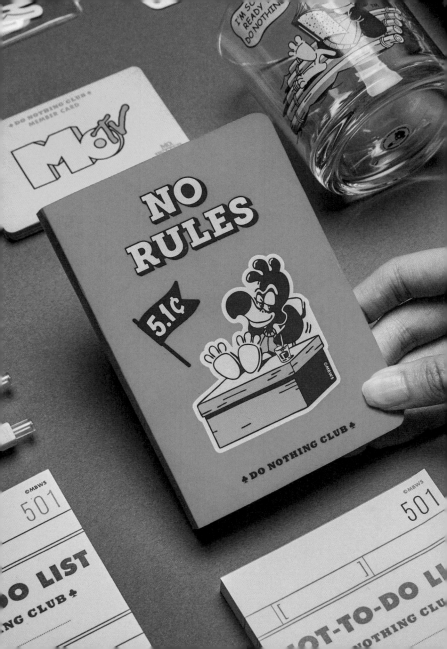

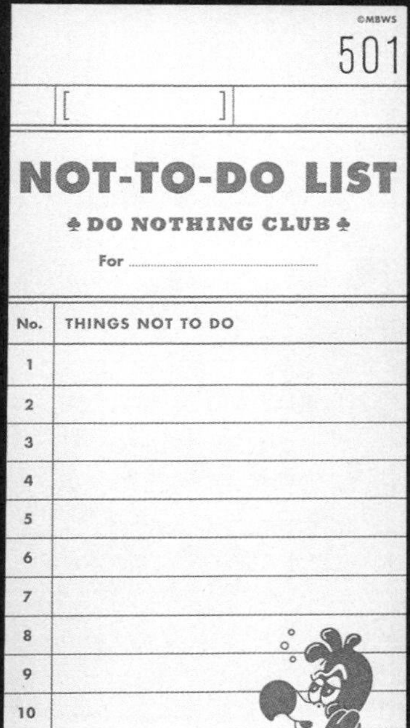

©MBWS

501

[ ]

NOT-TO-DO LIST

♣ DO NOTHING CLUB ♣

For ....

No.	THINGS NOT TO DO
1	
2	
3	
4	
5	
6	
7	
8	
9	
10	
11	
12	

SMALL WOR

MO
TA

**MOBETTERWORKS. ORIG
FOR FREE WORKER**

BIG MONEY

NEY

LR$

AL SERIES. MONEY TALK
MOBETTERWORKS

(tr

t o J
inc

1
0

MOBETTERWORKS. OF
FOR FREE WORK

501-

ni)™

ough

me

2
7

RIES. MONEY TALK
TTERWORKS

027

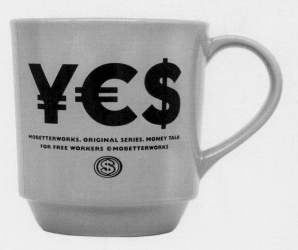

·501·

MONEYBOOK

SMALL WORK BIG MONEY

MOBETTERWORKS. ORIGINAL SERIES. MONEY TALK
FOR FREE WORKERS @ MOBETTERWORKS

MO. BETTER WORK$

A LITTLE JOKE
FOR FREE WORKERS

501

TEAMWALK
GO FORWARD
Mayday

YEAR	MONTH	Milestone
2019	Aug	MoTV 1화 오픈
	Nov	모빌스 개인사업자 등록
	Dec	<ASAP> 시즌1 론칭
		MoTV 구독자 1천
2020	Feb	(주)모빌스그룹 법인 설립
	Mar	대오 합류
		훈택 합류
		MoTV 구독자 5천
	Apr	<웰컴 투 두낫띵클럽> 시즌2 론칭
	May	<웰컴 투 두낫띵클럽> 노동절 잔치 (7천여 명 집객)
		모베러웍스 X 인스타그램	콜라보레이션 킷
		모베러웍스 X 제주맥주	콜라보레이션 맥주
	Jun	지우 합류
		MoTV 구독자 1만
	Jul	모베러웍스 인스타그램 팔로워 1만
	Aug	누브랜딩 킷 출시
	Sep	누브랜딩	모빌스그룹 (완료)
	Oct	<머니토크> 시즌3 론칭
		MoTV 구독자 2만
	Nov	누브랜딩	오뚜기 누룽지 프로젝트 (완료)
	Dec	모베러웍스 X 삭스타즈	양말 론칭
		MoTV 구독자 3만
2021	Jan	혜린 합류
	Apr	하나 합류
		모베러웍스 인스타그램 팔로워 2만
	May	《프리워커스》 출간
		<501 WORK-SHOP> 노동절 잔치
		모베러웍스 X 뉴발란스 콜라보레이션 론칭
		MoTV 구독자 4만
	Jun	모베러웍스 X 뉴발란스 전국 매장 론칭

HISTORY

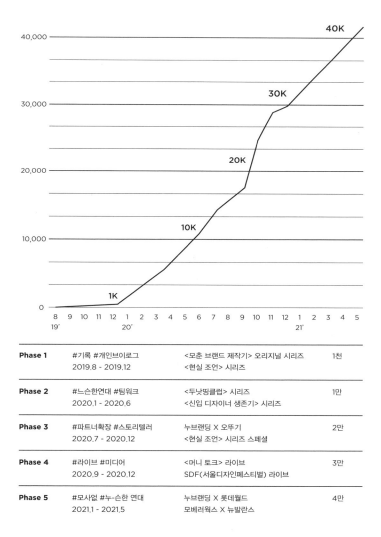

Phase 1	#기록 #개인브이로그 2019.8 - 2019.12	<모춘 브랜드 제작기> 오리지널 시리즈 <현실 조언> 시리즈	1천
Phase 2	#느슨한연대 #팀워크 2020.1 - 2020.6	<두낫띵클럽> 시리즈 <신입 디자이너 생존기> 시리즈	1만
Phase 3	#파트너확장 #스토리텔러 2020.7 - 2020.12	누브랜딩 X 오뚜기 <현실 조언> 시리즈 스페셜	2만
Phase 4	#라이브 #미디어 2020.9 - 2020.12	<머니 토크> 라이브 SDF(서울디자인페스티벌) 라이브	3만
Phase 5	#모사없 #누-슨한 연대 2021.1 - 2021.5	누브랜딩 X 롯데월드 모베러웍스 X 뉴발란스	4만

121

모티비 총 회차
2019. 8. 19 - 2021. 4. 2
10개의 재생 목록
총 2116분 12초
101명의 등장인물

51

위클리 모빌스 총 편 수
2020. 3. 22 - 2021. 3. 30
6명의 기록
236명의 구독
507번의 공유

2,483

홈페이지 가입자 수
2019. 11. 25 - 2021. 4. 5
총 제품 후기 수: 1570개

361

인스타그램 총 게시물 수
2019. 11. 19 - 2021. 4. 5
사진 267개
영상 49개

1,563

인스타그램 총 게시물 태그 수
2019. 11. 22 - 2021. 4. 5
하루 평균 3개

517

누브랜딩 아이디어 참여자 수
2020. 3. 30 - 2021. 4. 5
모빌스 프로젝트 145명
오뚜기 프로젝트 189명
닥터지 프로젝트 95명
롯데월드 프로젝트 88명

185

책 제목 아이디어 참여자 수
2021. 3. 23 - 2021. 4. 5

7,000

**두낫띵클럽
노동절 잔치 참여자 수**
2020. 5. 1 - 2020. 5. 10
홍대 OBJECT

2,225

두낫띵클럽 가입자 수
2020. 5. 1 - 2020. 5. 10
홍대 OBJECT

7

**모티비 한 회 평균 모베러웍스
등장 제품 수**

IBLE/AS SLOW
RK BIG MONE
OUT OF OFFIC
FI/DO NOTHIN
BONUS/DEEP
K/TOO MUCH
WALK/KICK-
POSSIBLE/SM
ICE/WORK IN
ONEY TALK/TO
M WALK/KICK

AS POSSIBLE,
/NO AGENDA
/WORK IN P
G CLUB/NO R
DIVER/MONEY
INCOME/¥€$
FF/HOMERUN
LL WORK BIG
EACE/NO RU
O MUCH INCO
OFF/HOMERU

1

AS SLOW AS POSSIBLE

2

3

4

5

6

7

8

9

10

11

12

13

14

15

16

17

(tmi)™
too much
income

18

A.S.A.P
™
AS SLOW AS
POSSIBLE

19

¥€$

20

TEAMWALK
GO FORWARD
Mayday

21

22

MOJO THE FREE BIRD

23

DNC™
DO NOTHING
·CLUB·
♠

24

Small Work™
Big Money

25

26

MO.
BETTER
WORK$

27

DO NOTHING
CLUB

28

HOLIDAY HOME
SUMMER JOKE
FOR FREE WORKERS

29

SMALL WORK BIG MONEY
MONEY
TALK

30

31

TEAM
WALK

32

Out of OFFICE

DJI OSMO ACTION
332,000원

모티비 초기의 영상들은
오즈모 액션으로 촬영되었다.
크기가 작고 셀피 기능이
있어 활용도가 좋은 카메라다.
흔들림에 강하지만 실내
화질은 떨어지는 편이다.

SONY TX-650
169,000원

작고 가벼워서 휴대하기
좋은 녹음기다. 소호에게는
비밀이지만 모춘은 한번
잃어버려 재구매를 했다.
사는 김에 대오 것도 샀다.

SONY ZV-1
999,000원

오즈모에서 업그레이드한
소니 ZV-1. 카메라 구입 후
모티비의 때깔이 좋아졌다.
부착된 털복숭이 마이크가
꽤 귀엽다. 장시간 촬영 시
뜨거워지는 단점이 있다.

LUXPAD K43H
400,000원

조명을 구매한 후부터
프로페셔널한 라이브
방송 시스템을 갖추게 됐다.
놀라운 톤업 효과 때문에
대오는 방송 전 조명부터
찾는다. 미세한 색온도
조절까지 가능하다.

SONY A7 III
2,499,000원

소호가 퇴사 후 당근마켓에
가구들을 판 돈으로 마련한
첫 번째 미러리스 카메라.
모티비 라이브 화면은 모두
이 카메라에서 송출된다.
화질이 지나치게 좋은 탓에
기름종이는 필수다.

BOYA PM 700
128,000원

라이브 쇼를 진행할 때
사용하는 마이크다. ASMR,
보컬 레코딩 등 다양한 성능을
자랑하지만 아직 우리에겐
어려운 기능들이다. 라이브
도중 종종 마이크가 꺼지는
해프닝이 발생한다.

KOKIRI TRIPOD
20,000원

소호가 훈택에게 선물한
가성비 좋은 삼각대. 회의
장면을 촬영할 때 빠지지
않으며, 지형지물과 삼각대를
사용해 신선한 각도를
계속해서 탐색하는 중이다.

CHROMAKEY
291,000원

크로마키 배경지를 설치한
후로 더욱 생동감 있는
라이브 방송이 가능해졌다.
당근마켓에서 만난 지역
주민의 도움으로 무사히 벽에
설치할 수 있었다.

CANON M6 MARK II
1,329,000원

모티비 촬영을 위해 세 번째로
구매한 카메라. 누브랜딩 촬영에
주로 사용된다. 심도가 높고
뽀샤시한 화질을 구현한다.

HORUSBENNU TM-5LN
78,100원

라이브 방송용으로 사용하고
있는 삼각대. 튼튼하고 안정감이
있어 흔들리지 않는 화면 송출이
가능하다.

LIFETIME TABLE
52,450원

2005년 모춘이 친구들과
합숙할 때 쓰던 테이블이다.
접이식으로 보관이 용이하다.
라이브 쇼와 쇼케이스를 진행할
때 요긴하게 사용하고 있다.

RAMI RM-PB6060
156,000원

훈택이 애용하는 간이 스튜디오.
가벼워서 간편하게 사용하기 좋다.
제품 누끼 사진을 찍을 때 주로
쓴다. 접어서 보관할 수 있다.

모티비
<현실 조언>
시리즈
인터뷰집

모티비 <현실 조언> 시리즈는
업계 선배와 동료로부터 브랜드와
회사 운영 등 일에 대한 현실적인
조언을 듣는 인터뷰 시리즈이다.
2019년 10월 첫 방송을 시작으로
17편이 방송되었고 2021년 누적
조회수 40만 뷰를 기록했다.
형식적인 인터뷰를 탈피해
편안한 자리에서 나누는 진솔한
대화를 담으며, 이 시대의 일하는
사람들에게 영감을 주는 콘텐츠로
사랑받고 있다.

김세일

애플 코리아 디자인 디렉터

Date 2019.10.4 / Interviewer 모춘

"

어줍지 않게 개나 걸을

지향하면 살아남지 못해요.

철저하게 '도' 콘셉트로 가야

된다고 봐요. 코어(core)한 게

되게 중요해요. 어차피 유니클로처럼

'모'로 못 갈 바에는.

모티비 10화에서 첫 게스트를 모셨습니다. 누구십니까?

동네 형, 김세일입니다.

지금 어떤 일하고 계십니까.

앱스토어에 들어가 보면 추천하는 앱들의 스토리를 만드는 코너가
있는데 그 코너의 디자인 부문을 담당하고 있어요. 그전에는 29CM
미디어 부문을 담당했어요. 29CM에서 'C'는 커머스(Commerce),
'M'이 미디어(Media)인데 그중 'M'을 맡았던 거죠. 커머스는 말
그대로 물건을 팔아서 수익을 올리는 것이 목표, 미디어는
커머스를 사람들에게 알리는 역할을 했는데요. 미디어 자체로도
수익을 올릴 수 있는 방법을 찾고 싶었고 'PT'라는 채널이 그런
역할을 했어요. 처음에는 입점한 브랜드와 제품을 사람들에게 잘
소개하기 위해 시작했는데, 해보니까 우리가 팔지 않는 물건도
'PT'를 통해서 소개하면 괜찮을 것 같더라고요. 소개하고 광고비를
받는 거죠. 초기에 그 플랫폼을 키우는 일을 했고, 오프라인 스토어를
만들기도 했어요. 온오프라인의 시너지와 사업 확장을 위한
시도였는데 저한테는 되게 좋은 경험이 됐어요. 온라인 회사에서
오프라인을 하기란 정말 어렵다는 경험이요.

많은 일을 하셨습니다.

정리하면 '디자인을 베이스로 비즈니스를 만들어내는 일'을 해왔다고

할 수 있을 것 같아요.

**요즘 저의 가장 큰 고민은 '어떻게 알릴까?'예요. 제가 만든 걸
사람들한테 잘 알리려면 어떻게 해야 될까요?**

두 가지. '모' 아니면 '도'거든요? 저는 좁고 깊게 가는 게 도,
넓고 크게 가는 걸 모라고 생각해요. 둘 중 하나를 확실히 정해야 돼요.
지금은 사실 개, 걸, 윷 콘셉트는 다 안 돼요. 그런 시대가 됐어요.
선택은 하나죠. '도'. 철저하게 '도' 콘셉트로 가야 된다고 봐요.
어렵지 않게 개나 걸을 지향하면 살아남지 못해요. 이제는 너무나도
시장 세그먼트(segment)가 많이 나눠지고 세분화됐거든요.
'내 거를 과연 좋아하는 사람이 있을까?'라고 생각하잖아요? 무조건
있어요. 많지는 않을 수도 있어요. 하지만 그걸 꾸준히 갖고 가면
통해요. 요즘 유행이라고 해서 따라 하거나, 잘하는 부분도 아닌데
사람들이 좋아한다고 해서 하면 이도 저도 아닌 개나 걸이 되는
거고요. 코어(core)한 게 되게 중요해요. 어차피 유니클로^{Uniqlo}처럼
'모'로 못 갈 바에는.

모티비는 어떻게 보십니까? 이제 열 편째 찍고 있는데.

두 가지 관점에서 좋다고 생각해요. 하나는 본인들이 하고 싶어서
하는 거라 좋은 거. 거기서 재미를 느낄 수 있는 거잖아요. 보람도
느낄 수 있고. 또 하나는 유튜브가 지금 하고자 하는 일들의 수단이 될

수 있어요. 한 가지 지켰으면 하는 건, 브랜드가 잘 안 된다 하더라도 유튜브 콘텐츠는 살아남을 수 있도록 만드는 거. 콘텐츠 자체로 자생력을 가질 수 있어야 지속 가능하게 일할 수 있거든요. 모티비 디자인 콘셉트도 개인적으로 좋아하는 스타일이에요. 로고도 옛날 MTV에서 가져온 거고 이런 빈티지한 무드가 유튜브에 녹아드니 신선했어요. 이 시대에서는 새롭게 받아들여지겠다는 생각을 해요. 디자인적으로나 의미적으로나.

저희가 하고 싶은 일의 방식이 '느슨한 연대'라는 건데요.
이건 어떻게 생각하시는지.

저는 그걸 할리우드 시스템이라고 말해요. 예를 들어 내가 영화감독이라고 치면 제작자에게 돈을 받고 영화를 찍기 위해서 일류의 스텝들을 구성하는 거죠. 장점은 어떤 일이든 할 수 있다는 거. 내가 못하는 부분에 대해서도 누군가 백업이 되니까. 나의 능력치보다 훨씬 더 많은 능력을 발휘해서 프로젝트를 할 수 있어요. 더 크고 다양한 일을 많이 할 수 있죠. 단점은 매니지먼트(management). 생각보다 잘 안 될 거예요. 본인 마음처럼 잘 안 돌아가. 이렇게 조합해서 딱, 하면 될 것 같은데 실제로 해보면 내 생각만큼 잘 안 해줘. 그랬을 때 리스크를 어떻게 감당할 것인가. 그래서 컨소시엄(consortium) 형태의 일은 매니징이 중요하죠.

**또 하나의 고민은 호흡 조절하는 법입니다. 일을 좋아하긴 하는데
체력이 좋지도 않고, 일하다가 지쳐버릴 때 선배들은 어떻게 하는지.**
처음부터 결과물이 나올 때까지 여러 스텝이 있잖아요. 저는 제일
시간을 많이 들이는 게 플래닝(planning)이에요. 쓸 수 있는 나의
능력치 안에서 어떤 일에 얼만큼의 에너지를 쓸지 분배를 먼저 해보는
거죠. 우선순위를 세우고, 무슨 일을 선택해서 집중할지 생각하는
시간이 필요한 것 같아요.

지치진 않으세요?
지쳐요. 지치면 잠깐 쉬면 되지. 밸런스(balance)가 되게 중요해요.
일과 일 아닌 것의 밸런스도 중요하지만 일과 일 사이에서의
밸런스도 중요하고, 궁극적으로는 내 스스로 갖는 마음의 밸런스.
'이 타이밍에는 돈을 벌자', 아니면 '이 타이밍에는 내가 하고 싶은 걸
위해서 돈보다는 다른 데 중점을 두자'라는 식으로 분배해 보는 거죠.
다 밸런스라고 생각해요.

디자인 업계 선배로서 디자인에 대해 한 말씀해 주신다면.
디자인은 원래 없는 걸 만든다기보다 여러 가지 있던 것들을 새롭게
보이거나 효과적으로 보이게끔 트레이닝하는 거라고 생각해요.
그래서 디자인을 한 사람들이 마케팅을 하거나 제작, 비즈니스를
할 때에도 쉽고 효과적으로 배울 수 있어요. 더 잘하기도 하고.

그런데 내가 다시 후배들의 나이로 돌아간다면 디자인 말고 다른 분야에 대해서 더 배울 것 같아요. 재테크나 부동산 같은.

마지막 말씀이 진짜 현실 조언이네요. 오늘 시간 내주셔서 감사합니다.

네. 모티비 많이 사랑해 주세요.

김경동

라인프렌즈 부사장

Date 2019.12.4 / Interviewer 모춘

"

나는 할 수 없는 방식. 너만 할 수

있는 방식. 자기다움이라는 게

있잖아. 너네만의 다움을 찾았잖아.

그게 되게 멋있는 거지.

오늘 조언 들려주실 분은 우리 브랜딩 과외 선생님.

애제자 모춘과 소호의 멘토지. 둘의 퇴사를 용인해 준 사람이기도 하고. 그동안 일을 너무 많이 해서 건강적으로나 정신적으로 쉬라고 해주고 싶었거든.

저희 현재 성적 어떻습니까.

브랜드 전개하는 거 어깨너머로 보셨을 텐데.

정말 너무 멋져 보여.

그래도 개선하라고 할 만한 것들이 있을 텐데요.

없어. 왜냐면 이건 네 거잖아. 브랜드를 만드는 거랑 사업을 하는 거랑은 달라. 사업은 나중에 내가 따로 얘기해 줄게. 재고 관리나 사람 관리나 사업적인 제휴 같은 힘든 일들이 많거든. 브랜드에 대해서는 지금 코멘트할 게 없어. 브랜드를 만들어가는 과정에는 공식이 없고, 네 거니까 네 소신을 갖고 만들어가면 돼. 그건 너무 잘하고 있어. 제일 멋있어.

앞으로는 어떻게 해야 될까요.

너무 큰 목표를 두지 마. 100장 완판, 200장 완판. 구독자 100명, 300명, 500명. 목표를 작게 만들어서 하나씩 깨고 올라가는 거지. 작은 목표를 두고 이걸 깼을 때 보상을 줘, 퀘스트처럼. 보상

프로그램일 수도 있고. 내가 100장 완판을 세웠는데 50장을 팔았어. 그러면 나머지 50장은 친구들한테 나눠주면서라도 목표를 채워보는 거지. 달성하는 재미를 느끼는 게 중요하니까. 내가 여태까지 수많은 브랜드 오너들을 만나봤는데 처음부터 대박 나는 분은 본 적이 없다. 너무 운이 좋아서, 시대를 잘 만나고 그런 거 아니고서야 처음부터 잘된 사람 없어. 대부분 하나씩 쌓아서 잘되지.

요즘 고민은 리소스예요. 욕심이 많아서 다 잘하고 싶은데 둘이 할 수 있는 일은 한계가 있고.

아마 어느 순간이 되면 행정적으로 감당하기 힘든 순간이 올 거야. 정작 중요한데 급하지가 않아서 챙기지 못하는 일들이 막 생겨. '내가 뭐 하는 거지?'라는 생각이 드는 때가 있어. 소위 잡일에 해당하는 것들이 많은데, 배보다 배꼽이 더 커지는 상황이 오는 거지.

어제도 하루 종일 택배 싸다가 그냥 다 보내버렸어요.

그렇게 된다니까. 너는 원래 해야 될 일이 있는데 못 하게 되는 날이 와. 시스템을 만들지 못하면 어느 순간 운영자가 되어 있어. 그러면 앞뒤가 바뀌고 정체성에 혼란이 오기 시작하거든. 되도록 인력을 쓰고. 부는 초반에 배분하면서 가야 돼. 그래야 빨리 키울 수 있고 더 큰돈을 벌 수 있어. 돈 벌었다고 들고 있는 게 아니라. 초반에 나누면서 인력을 충원하고 시스템을 만들라는 거지.

휴식에 대한 고민도 있어요. 일하다 보면 쉴 시간이 없더라고요.

휴식이 뭐가 있어. 그냥 지금이 일하는 시기라고 생각해.

근데 결국 휴식이 언젠지 아니? 내가 만든 게 수출이 되고 품절

사태가 계속 일어나는 그 순간을 맞이하는 날. 보람이 휴식인 거야.

왜 내가 그게 휴식이라고 말하냐면, 열심히 준비했는데 잘 안 됐다고

생각해 봐. 그러고 휴가를 갔어. 그게 휴식이겠냐. 돈도 없고, 재고는

많이 쌓였고, 프로젝트는 실패했고. 그 와중에 쉰다고 쉬어지겠냐는

거지. 불편한 마음만 더 쌓일걸? 그 상황이 최악이라고 생각한다.

지지리 궁상이지. '일하는 시기다' 생각하고 할 거면 확실히 해,

그러면 휴식은 저절로 따라온다고.

저희 유튜브 하는 건 어떻게 생각하세요?

나는 감히 생각도 못 했지. 주위에서 모티비 봤냐고 그러는 거야.

회사 사람들은 꽤 알더라? 처음에는 나중에 본다면서 넘겼다가

집에서 쭉 봤는데 너무 좋은 거야. 나도 기록으로 남기고 싶은

이야기들이 많은데 부럽더라고. 오늘 아침 회의 주제도 그거였어.

요즘이 콘텐츠 시대고, 콘텐츠 중에는 웰메이드(well-made)도

있지만 로우(raw)한 것도 있잖아. 우리 회사는 너무 웰메이드

콘텐츠만 많으니까 속도가 너무 느린 거지. 콘텐츠 시대에 대응하는

우리 회사의 자세는 어때야 할까 생각했을 때, 좀 더 빠르게 소통할 수

있는 콘텐츠 생산 방식으로 바꾸고 싶다는 얘기를 했지. 다만 회사의

민감한 내용들이 많은데 그게 드러나면 리스크가 되니까 고민인 거고.

모티비가 브랜드 제작 과정을 로우하게 담고 있긴 하죠.

브랜드를 만드는 과정을 이야기로 만들겠다는 자체가 내 입장에서는
새로운 브랜딩 방식이었어. 나도 되게 신선한 충격을 받았으니까.
왜냐면 여태까지 브랜드를 만드는 사람들은 소위 거드름 떨면서 가는
방식들이 많았어. 브랜드를 만든다고 하면 반드시 해야 하는 것들이
있다고 하면서. 그걸 따르지 않고 되게 낮은 레벨에서부터 시작하려고
하는 태도 자체가 새로운 방식이라고 생각해. 나는 할 수 없는 방식.
너만 할 수 있는 방식. 자기다움이라는 게 있잖아. 너네만의 다움을
찾았잖아. 그게 되게 멋있는 거지.

감사합니다. 마지막으로 한마디 해주세요.

모티비 많이 구독해 주세요!

전은경

월간 <디자인> 편집장

Date 2020.5.19 / Interviewer 모춘

"

즉흥성이 중요하다고 생각해요.

해볼 만하다는 생각이 들면 빨리

해보고 아니면 말면 된다는 자세.

요즘에 저는 신중할수록 손해라고

생각해요. 시간 끄는 사람이 무조건

손해 보는 것 같아요.

누구십니까?

월간 <디자인> 편집장을 맡고 있고요.

2006년부터 월간 <디자인> 기자로 근무를 시작했고 편집장을
한 지는 10년이 되었어요. 다른 곳에서 2년간 일한 기간까지 합치면
디자인 전문지에서만 17년 넘게 일했죠. 월간 <디자인>은 1976년에
창간했고, 2020년 2월에 500호가 나왔어요. 모티비 기사가
501회에 나왔죠, 아마? 저는 사실 유튜브 재미없어서 길게 안 보는데
모티비는 재미있어서 콘텐츠 반 이상을 봤어요.

영광입니다. 500호의 주제는 'WORK DESIGN'이었죠?
저희 브랜드와 주제가 같아서 흥미롭게 봤습니다.

편집장을 떠나서 저 개인적으로도 일에 대한 고민을 정말 많이
하거든요. 일의 가치라든지 밥 먹고 사는 문제라든지 하는 것들이요.
여러분들 스스로를 '프리워커스'라고 하셨나요? 용감하신 분들이라고
생각해요. 그 용기와 결단력에 대해서 진심으로 대단하다고 생각해요.
일에 대한 이야기도 딱딱한 처세술이나 자기 계발서처럼 말하는
게 아니라 유쾌하게 풀어내는 걸 보고, 이렇게 생각하는 사람들이
나타났구나 했어요. 배워야겠다고 생각했습니다.

잡지는 모티비 같은 디지털 미디어가 아닌 전통적인 미디어잖아요.
전통적인 미디어의 장단점이 궁금합니다.

전통 미디어의 장점은 기획력과 디테일, 높은 완성도라고
할 수 있을 것 같아요. 반면 노동력 투입 대비 리턴이
부족하다는 게 좀 아쉬워요. 사실 모티비도 마찬가지일 것 같은데,
노동집약형 아닌가요? 우리 모두 흡사 장인처럼 일하고 있다고
생각해요. 취재해서 글도 쓰고 사진도 찍고, 교정보고 인쇄 감리까지
가야 하는 지난한 절차가 있는데 디지털은 상대적으로 절차가
간단하잖아요. 물론 그 과정에서 희열이 있긴 하죠. 하지만 투입하는
노력 대비 영향력이 예전만 못하다는 점이 스트레스예요. 그래서 요즘
가장 부러운 게 플랫폼이에요. 기존 콘텐츠를 편집해서 제공하는
것만으로도 새로운 콘텐츠를 만들어내니까. 일은 일대로 하는데
플랫폼을 가진 곳과 비교가 안되는 거죠. 우리는 이렇게 리소스를
갈아 넣어서 만드는 데, '그런 가치를 그만큼 중요하게 인정받고
있나?' 이런 생각도 들고.

저희 팀도 맨파워(manpower) 중심이라 고민이에요.
한 명이 빠지면 무너져 버리는.
시스템을 어떻게 구조화해야 할지 막막하더라고요.

대기업이나 큰 조직이 아니면 이 문제는 다 비슷한 것 같아요.
결국은 한 명 한 명이 너무 중요한 거예요. 맨파워가 있다는 게 굉장히

큰 장점인데 규모를 키우거나 할 때는 한계를 많이 느끼실 거라고 생각해요. 벌써 그런 고민을 하시는군요.

조언을 해주신다면?

지금 굉장히 영리하게 잘 하고 있다고 생각해요.

쉽게 쉽게 잘한다고요. 별로 어렵게 생각하지 않으시고 즉흥적으로 하시는 편이잖아요? 저는 그 즉흥성이 중요하다고 생각해요. 해볼 만하다는 생각이 들면 빨리 해보고 아니면 말면 된다는 자세. 요즘에 저는 신중할수록 손해라고 생각해요. 시간 끄는 사람이 무조건 손해 보는 것 같아요.

편집장이라는 직업인으로서 힘들진 않으세요?

힘들죠. 돌아서면 마감하고, 돌아서면 마감하고. 저는 일이 '고통의 강도를 견디는 힘'이라고 생각해요. 똑같은 일을 시켜도 어떤 사람은 죽는다고 난리를 치고 어떤 사람은 해내거든요? 그런 맷집이 중요한 것 같아요. 마감이라는 게 굉장히 고농도의 스트레스예요. 저는 스스로에 대한 평가가 짠 편인데 그래도 잘했다고 할 수 있는 부분이 지난 17년 동안 마감을 한 번도 안 쉬었다는 점이거든요. 정신적으로나 육체적으로 마감을 잘 견뎠다는 건 칭찬해 주고 싶어요. 저는 마감을 하면서 성장했다고 생각해요. 요령이 하나 있다면, 짬짬이 잘 쉬려고 노력하는 것 같아요. 호흡 조절. 어느 때는 취재하러 나가서 좀 더 오래 얘기하다 들어오기도 하고. 일하는 중간중간 여유를 찾으려 했던 것 같아요. 맷집의 비결이 있다면 그런 부분 아닐까 해요.

마감을 수백 번 하시면서 위기감을 느꼈을 땐 없으셨나요?

저는 사실 그렇게까지 위기를 강하게 느꼈던 적은 없어요. 저한테 베풀어주는 관대함인데, 저도 책 나오고 나서 전부 마음에 드는 게 아니거든요. 그래도 다음 기회가 있지 뭐, 이렇게 생각하려고 해요. 사실 돌아보면서 후회하거나 반성할 시간이 별로 없어요. 왜냐면 끝나면 또 마감해야 되니까. 과거의 불리한 기억을 계속 까먹으면서 나가는 거죠. 부족해도 결과를 내고 마감하는 게 더 중요해요. 80점, 90점 맞아도 일단 하는 게 중요하다고 생각하거든요. 하면서 계속 좋아지고 성장도 하는 거지. 이것저것 재느라고 시작도 안 하는 사람 보다는 망해도 뭐든 하는 사람이 나은 거죠.

일하면서 중요하게 생각하는 부분이 있다면요.

자기가 좋아하는 일을 해야 한다는 얘기를 많이 하는데, 물론 그 말도 맞지만 저는 그거보다 '능숙하다'라는 감각이 더 중요한 거 아닌가 싶어요. 좋아하는 일만 하는 것은 냉정하게 얘기하면 취미 생활 아니에요? 어떤 일을 능숙하게 하면 잘하게 되고, 잘하면 그 일을 좋아하게 되는 것 같아요. 또 어떤 한 분야의 일을 잘하고 경험치가 많아지잖아요? 그러면 다른 일도 잘할 수 있어요. 이 분야에서 저

분야로 다리 건너기가 쉬워지는 거죠.

시작하는 사람에게 해주고 싶은 말씀이 있을까요?

최근에 '우연히'라는 말을 되게 많이 들었어요. 많은 사람들이 "우연히 어떤 일이 다른 일로 연결되고, 또 우연히 새로운 기회가 열리면서 이렇게 됐어."라고 말하더라고요. '우연의 힘'이 중요한 시대라는 생각이 들더라고요. 저도 우연히 모티비를 알게 됐고요. 알고리즘으로 말이죠. '계획적인 우연' 같기도 해요. 계획해서 일했기 때문에 나머지 우연들이 굴러 들어오는 거죠. 그래서 저는 우연의 힘을 믿고 일단 시작해 보시라고 말씀드리고 싶어요.

앞으로 모티비, 어떻게 하면 좋겠습니까?

저는 하고 싶으신 대로 하면 될 것 같아요. 왜냐면 룰이 없다고 생각하거든요. 자주 말씀하시는 'NO RULES'처럼요. 시시한 충고가 걸림돌이 될 수도 있을 것 같아요. 다만 이걸 잘 만들어서 오래 버텨달라는 말씀은 드리고 싶어요. 오래 잘됐으면 좋겠어요.

서은아

**페이스북 코리아
글로벌 비즈니스 마케팅 상무**

Date 2020.3.20 / Interviewer 모춘

소비자들과 가벼운 연결성을
유지하는 것이 되게 중요한 것
같아요. 팔로우를 했다는 건
브랜드와의 연결을 유지하고 싶다는
뜻이거든요.

어떤 일 하십니까?

페이스북 인스타그램에서 글로벌 비즈니스
마케팅을 맡고 있습니다. 마케팅을 하는 사람들은 사람들의
마음을 얻는 일을 하는 사람이라고 생각해요. 소비자 마케팅은
소비자들의 마음을 얻어야 되는 거고, 프로덕트 마케팅은 제품을
사랑하게끔 만들어주는 거고. 저희는 비즈니스 마케팅이잖아요.
모베러웍스처럼 브랜드와 비즈니스를 처음 시작하시는 분들에게
인스타그램이 플랫폼으로서 어떤 역할을 할 수 있는지 알려드리고
더욱 사랑하시도록 하는 게 저희 일이죠.

플랫폼이 어떻게 비즈니스의 성장을 도울 수 있게 되었는지
궁금합니다.

옛날에는 빅 브랜드들이 미디어를 장악하는 방식이 통하던
시대였어요. 그때는 비즈니스를 잘하는 분들에게 최고의 성공은
대기업에 납품하는 것일 수밖에 없었어요. 왜냐면 자기 브랜드를
만들어서 노출시키려면 큰돈이 필요하고 브랜드를 만들어가는
과정 자체가 엄청난 투자니까. 그런데 페이스북이나 인스타그램을
통해서 작은 브랜드들이 팬들을 직접 만날 수 있고, 자기 브랜드를
드러낼 수 있는 기회를 공평하게 갖게 되는 시대가 왔어요. 저희는
모베러웍스처럼 가능성 있는 브랜드들을 발굴해서, 더 많은
사람들에게 보여주는 역할을 하려고 합니다.

**인스타그램 운영을 해보니 쉽지가 않아요. 인스타그램을
운영하는 팁이 있다면 소개해 주실 수 있을까요?**

인스타그램을 시작하시는 브랜드들이 제일 많이 하시는 말씀이
'어려워요'예요. 사실 인스타그램을 개인이 사용한다고 생각하면
어렵지 않거든요. 사진 찍어서 글 없이 올려도 되는 거고.
개인일 땐 쉽게 느껴지는데 왜 비즈니스일 때는 어렵다고 생각할까
고민을 많이 했어요. 인스타그램 운영에 있어서는 소비자들과
가벼운 연결성을 유지하는 것이 되게 중요한 것 같아요. 팔로우를
했다는 건 브랜드와의 연결을 유지하고 싶다는 뜻이거든요.
인터렉션(interaction)을 유지하는 도구로서 인스타그램 스토리를
활용하시면 좋을 거 같아요. 피드상에는 딱 각 잡고 찍은 걸 올려야
될 것 같은데 스토리는 그 부담을 훨씬 줄일 수 있는 자유로운
포맷이잖아요. 24시간만 노출되고 사라지니까요.

**스몰 브랜드일수록 팬들과의 연결을 이어가는 게 중요하다는
생각이 들어요.**

감각 브랜딩에 대한 책을 하나 읽었어요. 사람들은 만진 것의 1퍼센트,
들은 것의 2퍼센트, 본 것의 5퍼센트, 맛본 것의 15퍼센트, 맡은
것의 35퍼센트를 기억한대요. 여태까지의 브랜딩이 주로 시각만을
활용했다면 거기에 감각을 더할 수 있겠다고 생각했어요. 제가
좋아하는 연필 가게가 있는데요, 거기 가면 모든 걸 일일이 손으로

쓰세요. 포장할 때도 연필을 하나하나 싸고, 마스킹 테이프로
붙여줘요. 그냥 연필을 받는 게 아니라 종이의 사각거림을 받고, 그걸
뜯어내면서 종이에서 나는 냄새도 맡고…. 그 모든 게 좋은 느낌을
주더라고요. 기다리는 시간이 하나도 지루하지 않아요. 저는 스몰
브랜드들이 이런 경험을 줌으로써 팬들에게 더 가까이 다가갈 수
있다고 생각해요.

이야기를 나누다 보면 일을 좋아하고 진심으로 대하는 게 느껴집니다.
제가 진짜 일을 좋아하는 사람이거든요. 오죽하면 80살까지 일하는
계획을 짜놓은 사람이에요. 저는 사람이 태어나서 생산을 하는
행위와 소비를 하는 행위의 밸런스가 맞아야 한다고 생각을 해요.
생산에 대한 부분들이 저한테는 일인 거고요. 그 일로 인해서 얻는
피로감보다는 일이 저를 움직이는 동력이 되는 경우가 많아요.
일이라는 게 회사에서 소속돼서 월급을 받기 위한 행위만이 아니라
우리가 살아가면서 무언가를 생산해 내는 행위 자체인 것 같아요.
평생 안고 가야 하는 공통의 아젠다라고 할까요.

**모베러웍스도 그런 의미에서 더 나은 일의 방식을 계속 찾고 있는 것
같아요. 마지막으로 모베러웍스에게 해주고 싶은 말씀이 있다면요.**
나아가시는 것 자체가 멋있는 것 같아요. 소비자들은 만들어진 물건만
보잖아요. 그런데 모베러웍스가 과정을 보여주니까 얼마나 어려운

일인지 다들 알게 돼요. 그 지점이 사람들이 모베러웍스에 환호하는 이유인 것 같아요. 모베러웍스를 좋아하는 분들을 보면 다들 일하는 사람들이거든요. 한 걸음을 가는 게 얼마나 힘든지 아는 거죠. 그런데 그 길을 가는 과정을 보여주니까, 가고 계신 모습 자체로 저희한테는 영감이 되고 응원하고 싶은 마음이 저절로 생깁니다.

장인성

배달의민족 브랜드 마케팅 상무

Date 2020.6.12 / Interviewer 모춘

"

'일하는 사람으로서 내가 더
훌륭하고 유능한 사람이 되었으면
좋겠다'는 마음, '나하고 일하는
사람이 행복했으면 좋겠다'는 마음은
잘하고 싶을 때 생기거든요.

누구십니까.

배달의민족에서 브랜딩하고 있는 장인성입니다.

**배달의민족이 하는 일을 보면 재미있는 일들이 정말 많아요.
자연스럽게 이런 일을 하는 구성원들은 누굴까 궁금해지고요. 팀원을
뽑는 노하우에 대해 듣고 싶었어요. 저희가 마케터를 구하고 있기도
하고요.**

지금 채널 구독자 수가 몇 명이에요?

5990명 정도 됩니다.

다음 직원은 그 안에 있습니다. 마케터는 브랜드가 하는 이야기에
누구보다 공감하고 이걸 더 크게 확산할 수 있어야 하거든요.
브랜드를 발견하는 것도 긍정적인 관심의 영역이고요. 그런데 아직
모티비를 발견하지 못한 사람이다? 5990명 안에 안 들어 있다?
그러면 모베러웍스의 메시지하고 잘 안 맞을 가능성이 높아지죠.

사람을 뽑으실 때 어떤 걸 보세요?

첫 번째가 좀 전에 말한 부분, 우리 브랜드를 정말 좋아하는 사람.
두 번째는 성장하는 사람이에요. '일하는 사람으로서 내가 더
훌륭하고 유능한 사람이 되었으면 좋겠다'는 마음, '나하고 일하는
사람이 행복했으면 좋겠다'는 마음은 잘하고 싶을 때 생기거든요.

모베러웍스라는 브랜드를 좋아하면서, 스스로 일을 더 잘하고 싶고 성장하고 싶은 사람이라면 그 사람은 언젠가 유능한 사람이 될 수밖에 없어요. 지금은 유능하지 않더라도 빠르게 성장하게 될 거예요.

성장하는 사람을 뽑아라.

같은 일을 경험해도 성장을 하는 사람이 있고 그냥 일만 하고 끝나는 사람이 있어요. 20년 차라고 10년 차보다 두 배로 일을 잘하는 것도 아니고요. 일을 하면서 무엇을 자신의 성장 포인트로 생각하고 발전시켜 나갈지 생각하는 게 중요해요. 어떤 환경에서 누구와 어떤 일을 하면서 성장할 수 있을지 고민하는 거죠.

질문이 있어요. 팀원으로서 매력이 중요할까요, 아니면 능력이 중요할까요?

매력도 능력 중에 하나이긴 해요. 매력이 없다는 건 그 사람이 주변 사람들에 대해 신경을 안 쓰기 때문일 수 있어요. 매력이라 함은 '저 사람이랑 같이 있으니까 좋다'라는 느낌이 와야 되는 건데, 그 느낌은 상대방을 생각하고 배려하는 것에서 나오거든요. 그래서 매력 있는 사람이라면 협업도 잘돼요. 혼자 일할 때는 능력만 있어도 되지만 여러 사람이 협력해야 하는 일이라면 매력이 중요한 요소라고 생각해요.

좋은 사람을 뽑는 것과 좋은 팀의 분위기를 만드는 건 또 다른 문제인 것 같아요. 팀 스피릿(team spirit)은 어떻게 만드시나요?

저희는 실패가 디폴트라는 걸 계속해서 얘기해요. 100퍼센트 성공해야만 하는 회사에서는 일의 사이클이 무난하게 돌아가는 것처럼 보여요. 일이 실패했을 때도 억지로 의미를 만들어서 보고하죠. 혹은 개인에게 잘못을 전가해서 마무리해요. 그러면 반성도 없고 실패는 계속 반복될 수 밖에 없어요. 그런데 실패가 디폴트인 회사에서는 누군가의 잘못으로 문책하지 않고 다 같이 이야기할 수 있어요. 실패가 당연한 거니 관대할 수 있는 거죠. 네 일, 내 일 나누지 않고 끼어들어서 말하기도 쉽고요. 실패는 누군가의 잘못이 아닌 우리의 잘못이 되고, 시스템이나 문화에서 개선할 점을 찾아요. 이런 문화에서 팀 스피릿이 나온다고 생각합니다.

저희가 배민에서 일했던 분들과 협업하고 있잖아요. 가장 인상적이었던 건 '솔직함'이었어요. 솔직함이 협업에서 정말 중요하다는 걸 배웠습니다.

함께 일하는 데 있어서 서슴없이 이야기할 수 있고 참견할 수 있는지를 정말 중요하게 생각해요. 제가 상사지만 제 말에 모두 따라오지 않도록 노력을 많이 하고요. 맞고 틀리다고 말하는 순간 아무도 얘기를 못해요. 누구나 끼어들면서 일할 수 있는 분위기를 만들려고 하죠. 말씀드렸듯이 저희는 실패가 디폴트이기 때문에 아이디어에 있어서도 당연히 구멍이 있다는 걸 전제로 해요. 그러다 보니 구멍에 대해 말하는 것도 스스럼없고요. 처음에는 참견하는 것이 부담스러울 수 있지만 그것이 결코 개인을 향한 지적이 아니라는 걸 알고 나면 금세 적응해요. 개인이 아닌 우리의 목표를 이루기 위해 일하는 거니까요.

저희 팀에 대해 조언해 주신다면.

세상에는 '머리와 마음을 모으는 일'과 '손과 시간을 모으는 일'이 있다고 생각해요. 후자라면 쉬워요. 정확한 디렉션 하에 여러 사람을 모아 오랜 시간을 들이기만 하면 되거든요. 그런데 모베러웍스에서 하시는 일은 '머리와 마음을 모으는 일'이라고 생각해요. 여기에는 정답이 없어요. 뾰족한 수도 없고요. 하고 싶다는 마음이 간절하고, 강력한 능력치가 모여야만 되는 일이죠. '난 이거, 넌 저거' 하면서 일을 나눌 수도 없고 '우리가 하고 싶은 하나의 목표'를 향해 머리와 마음을 모아야 돼요. 그러려면 좀 전에 말했듯이 마케터가 디자이너한테, 디자이너가 개발자한테 서슴없이 참견할 수 있어야 되고요. 결국 사람들이 우리 브랜드를 좋아해주면 좋겠다는 하나의 목표를 향해 머리와 마음을 모아보시라 말씀드리고 싶어요.

마지막으로 모베러웍스라는 브랜드에게 한마디 부탁드립니다.

브랜드는 이야기를 하는 거라고 생각해요. 이야기에 공감해 주는 친구들이 있으면 그때부터 세계관이 생기는 것 같고요. 모베러웍스가 들려주는 이야기도 시간이 쌓이면서 더 탄탄한 세계관을 만들어나갈 겁니다. 응원할게요.

김태경

어반북스 편집장

Date 2020.10.2 / Interviewer 모춘

"

우리가 하는 일들은 안정화되면

안 되는 일이라고 생각해요.

안정적인 걸 원하는 게 아이러니한

거죠. 불안이 디폴트거든요.

누구십니까?

어반북스라는 회사를 이끌고 있는 김태경 편집장이라고 합니다.

어떻게 어반북스를 시작하시게 된 건가요?

도시라는 뜻의 '어반'과 콘텐츠의 기본 '책'을 결합해서 어반북스라는
이름으로 시작을 했고, <어반라이크> 매거진을 냈어요. 모베러웍스가
모티비를 통해 메시지를 내보내는 것처럼 저희에게는 잡지라는 종이
매체가 그 역할을 했어요. 그렇게 시작한 지 벌써 10년이 됐네요.

10년 동안 해왔다는 게 대단하신 것 같아요.

힘들긴 한데요. 오래 하다 보니까 내공은 생기는 것 같아요.

기사에서 '에디터 중심의 조직을 구성했다'는 말을 봤어요.
인상적이었습니다.

저희 조직을 설명해 주는 말이자 콘셉트라고 생각해요. 이게 있기
때문에 기업으로부터 일을 제안받을 때도 저희가 할 수 있는 일인지
아닌지 구분 짓기가 쉬워요. 에디터라는 스페셜리스트로 구성되어
있기 때문에 일의 영역이 명확하거든요.

모든 일이 책과 잡지 중심인가요?

책과 잡지는 저희의 출발점이자 본질이에요. 사실 공간이나 다른

범위로 영역을 넓히는 것에 대해서 고민도 하고 시도도 했었는데 재미가 없더라고요. 책에 대해서는 누구보다 자신감이 있는데 다른 일을 하면서는 왠지 아등바등하게 되고요. 그래서 더더욱 저희의 본질, 코어에 집중하려고 하고 있습니다.

**에디터 생활을 오래 하셨던 걸로 아는데
어반북스를 창업한 계기가 있었나요?**

10년 넘게 조직 생활을 했고요, 사실 욱해서 나왔어요. 서른둘에 나왔는데 처음엔 당연히 일이 없죠. 그러다 우연히 CJ 퍼스트룩이라는 잡지 비딩(bidding)을 하게 됐는데 그때 콘텐츠를 만들게 된 게 첫 번째 외주 작업이었어요. 그러다 저희가 그 일을 전담으로 맡게 되면서 일의 볼륨이 커졌어요. 그때 직원을 한 번에 열 명을 뽑기도 했어요.

한 번에 열 명을요?

그 일을 하려면 사람이 많이 필요했어요. 사무실도 강남에 3개 층을 임대했고요. 탄탄하게 클 줄 알았는데 우여곡절이 정말 많아서 힘들었습니다. 결국 수주했던 일이 모두 끝난 후에 다시 규모를 반으로 줄이게 됐어요. 그때 '규모를 키우지 말자, 규모 대신 영향력을 키우자'는 생각을 했어요. 만약 내 주머니에 1천만 원이 있다면 이 안에서 잘 해보자는 쪽으로 생각이 많이 바뀌었어요.

그때의 깨달음으로 지금의 어반북스가 있는 거군요.

규모를 확장하는 대신 내가 갖고 있는 자본 안에서 멋지게 할 수
있는 일들을 찾고 있어요. 코로나가 오면서 더더욱 변화해야 할
때라는 생각을 하고 있고요. 시대에 맞게 조직 운영도 최소한의
비용과 최소한의 규모 안에서 하는 게 맞다 싶었어요. 저희 조직도
그때그때의 일에 맞게 잘할 수 있는 사람을 셋업해서 하는 방식으로
정리하는 중이고요. '프리 에이전트(free agent)'의 방식으로요.

저희의 고민이 조직의 안정화였는데,
계속 변화하려고 노력하시는 모습을 보니 부끄러워집니다.

우리가 하는 일들은 안정화되면 안 되는 일이라고 생각해요. <놀면
뭐하니?>의 김태호, 유재석처럼 최소한의 끌고 갈 수 있는 물리적인
실체가 있되, 구현하는 결과물이나 하고 싶은 것들은 그때그때
셋업해도 충분히 할 수 있다고 생각해요. 안정적인 걸 원하는 게
아이러니한 거죠. 불안이 디폴트거든요.

불안하실 땐 어떻게 하세요?

아침에 눈 뜨고 잘 때 항상 많은 생각이 들어요. 그런데 불안을
스트레스로 받아들이기보다 좋은 텐션으로 느껴지게끔
트레이닝하려고 해요. 걱정에 사로잡히기보다 불안하니까 '이걸
해볼까? 저걸 해볼까?' 하면서 좋은 쪽으로 연결 지으려고 하는 거죠.

많은 일들 속에서 균형은 어떻게 잡으시나요?

에너지를 일하는 데 다 쏟지 않으려고 해요. 운동선수들도 손목
나가기 전에 쉬잖아요. 그렇다고 해서 최선을 다하지 않는 게
아니거든요. 다음을 위한 안배를 하는 거지. 모든 걸 지금이 마지막인
것처럼 소진하는 게 어느 순간 부질없다고 느꼈어요. 마감하면서
밤새고, 패스트푸드 먹고 그러면서 몸이 많이 상했던 거죠. 그렇게
일하는 시기도 필요하다고 생각하지만, 저는 혼자 일하는 아티스트가
아니라 조직을 이끄는 사람이잖아요. 밸런스를 유지하지 않으면 쉽게
지치는 것 같아요. 예전에는 책이 재밌으면 밤새도록 읽고 그랬는데
다 끊었어요. 주말에는 절대 누구도 안 만나요. 나름의 기준을 정한
거예요. 사람도 만나고 일도 빡세게 하지만 내 생활 반경을 지키면서
하려고 합니다. 유연함과 균형이 갈수록 중요하다고 느껴요.

편집장님에게 일이란 무엇인가요?

저는 일찍부터 일을 시작했고 일에 뭔가 거창한 의미를 부여하는 것
자체가 좀 부담스러워요. 일상이 일이고 그냥 되게 자연스러운 거.

마지막으로 하시고 싶은 말씀이 있다면.

진정성이라는 단어가 되게 올드해 보이지만 의외로 진정성을 갖고
있는 사람들이 많지 않아요. 겉치레도 많고 잘 보이는 것, 관계를

쌓는 것에만 신경을 쓰곤 하거든요. 그러지 않아도 버틸 수 있다는 걸 보여주는 사람들이 많아졌으면 좋겠어요.

김재원

오르에르 대표

Date 2020.10.23 / Interviewer 모춘

"

크리에이터의 감각을 자극하는
도구를 큐레이션하는 문방구를
만들고 싶었어요. 다른 문구점이
'필요'에 포커스가 있다면 '필요
플러스'를 생각하는 브랜드로 편집해
보자 했죠.

누구십니까?

하는 일이 조금 많아요. 오르에르 Orer, 포인트오브뷰 Point of View, 자그마치 Zagmachi, 오드투스윗 ODE to SWEET, 오르에르 아카이브 Orer Archive 그리고 아뜰리에 에크리튜 Atelier Écriture라는 브랜드 기획 회사를 하고 있는 김재원입니다. 아뜰리에 에크리튜가 가장 상단에서 기획 일을 하는 회사고, 앞서 말씀드린 브랜드들이 포트폴리오라고 이해해 주시면 쉬울 것 같아요.

어떻게 시작하셨나요?

자그마치라는 카페를 2014년에 시작했는데 그땐 비즈니스가 뭔지도 몰랐죠. 진짜 무식해서 용감하게 시작했던 것 같아요. 몰랐기 때문에 할 수 있었죠. 사실 카페를 하려고 했다기보다는 콘텐츠 비즈니스를 하고 싶었어요. 서울 성동구 쪽이 교통도 좋은데 재미있는 게 많이 없었거든요. 여기서 문화적으로 혹은 디자인적으로 재미있는 행사를 벌여보면 좋겠다고 생각했어요.

브랜딩을 할 때 이미지가 아닌 '단어'부터 시작한다고 들었어요.

네. 저희는 비주얼 이전에 텍스트부터 정리해요. 회사 이름의 '에크리튜(Écriture)'도 프랑스어로 '문체'라는 뜻을 가지고 있어요. 사람도 각기 다른 말투가 있고 글도 문체가 있잖아요. 브랜드도 마찬가지라고 생각해요. 상단에 뿌리박고 있는 텍스트와 철학,

스토리들이 탄탄해야 뭘 해도 기반을 단단하게 만들 수 있어요.
내가 머릿속에 생각하고 있는 걸 글로 표현해 내는 걸 중요하게
생각합니다.

문구점 '포인트오브뷰'는 관점이라는 뜻입니다.
어떤 관점으로 편집하시는지 궁금합니다.

문구점을 하게 된 건 제가 어렸을 때부터 문방구에서 노는 걸 너무
좋아하는 어린이였기 때문이었고요. 보통은 브랜딩할 때 이름부터
정해놓고 하진 않는데 문구점은 '포인트오브뷰'라는 이름부터
정해놓고 시작했어요. 포인트오브뷰 로고는 세잔의 사과를 표현한
것인데요. 모두가 원근법으로 그림을 그릴 때 다른 관점에서 그림을
그린 사람이 세잔이에요. 저는 모든 사물들이 각자의 관점을 갖고
있다고 생각해요. 스티커 북이라고 하면 어른들은 쓰면 안 될
것 같지만 '어른들은 스티커 북 갖고 놀면 안돼?'라는 관점으로
생각해 보는 거죠. '도구가 진화하면 사람의 욕망과 크리에이티브도
진화한다'라는 하라 켄야 原研哉 의 글을 좋아해요. 크리에이터의
감각을 자극하는 도구를 큐레이션하는 문방구를 만들고 싶었어요.
다른 문구점이 '필요'에 포커스가 있다면 '필요 플러스'를 생각하는
브랜드로 편집해 보자 했죠.

감각과 감도는 타고나는 건가요.

저는 감각이 타고나는 게 아니라고 생각해요. 많이 사보고 해봐야
생기는 거 같아요. 많이 사보면 내 취향인지 아닌지에 대한 데이터가
쌓이거든요. 하나 사보고 취향이라고 얘기하긴 어려워요.
저는 어렸을 때부터 진짜 돈 많이 썼어요. 그래서 저희 부모님이
"진짜 돈 많이 드는 애다." 그래요. 그런데 제일 좋은 걸 사고 나면
그 밑에 건 안 봐도 되더라고요. 저는 제일 좋은 걸 찾아내는 과정이
너무 재미있어서 그 과정을 즐겨요. 그리고 나서 제일 상위의 것을
사는 방식으로 소비를 해요. '감도를 높여야지' 이렇게 생각하는 건
아니고 경험치 쌓는 걸 좋아해요. 혼자만의 점수 놀이 같은 거?
그런 거에 되게 뿌듯함을 느껴요.

어떤 키워드를 하나 찾기 시작하면 구글 끝 페이지까지
가신다는 얘기를 들었어요.

제 성격이 좀 그래요. 알고자 하는 것에 대해서는 끝까지 봐야
직성이 풀리는 게 있어요. 내가 놓치고 지나간 게 이 세상에 어딘가에
존재하고 있으면 안 될 것 같거든요. 그런데 오해하시면 안 되는
게 제가 모든 것들을 구글 끝 페이지까지 보는 게 아니에요. 제가
찾는 것들이 보통은 일반적인 것들을 거르고 나서 한 번 더 깊이
들어가는 경우라 페이지 수가 그렇게 많진 않아요. 요즘에 디깅한
건 나무위키를 나무위키에 검색한 것인데요. 파라과이에 본사가

301

있더라고요. 그렇게 하다가 하나에 꽂히면 세상 끝까지 따라가서 보곤
하죠.

공간을 중심으로 비즈니스를 하시는데요.

코로나 시대, 공간에 대한 생각을 듣고 싶습니다.

거리두기 2.5단계가 되면서 처음으로 매출이 달라지는 걸 보게
됐어요. 그래서 온라인을 강화해야겠다는 생각을 하긴 했지만
온라인이 강해질수록 오프라인은 그 역할을 분명히 할 것으로
생각해요. 온라인이 줄 수 없는 오프라인만의 특색을 더 신경 쓰려고
하고요. 문구점에서 물건을 고르고 포장하는 과정을 보고 받았을
때의 모든 느낌이 소비에 포함된다고 생각하거든요. 그냥 '얼마 주고
샀다'만이 소비가 아닌 시대니까. 디테일에 더 많이 신경 쓰려고
하고요. 저는 모베러웍스 제품 중에 가장 기억에 남는 게 컵 아래에
붙어 있는 손톱만 한 작은 스티커거든요. 이 디테일이 장치가 된다고
생각해요. 너와 나만 알아보는 장치가 되고, 그러면서 브랜드와
결속력이 생기는 것 같아요.

대표님께 일이란 무엇인가요?

저에겐 일의 경계가 딱히 없어요. 제가 노는 게 일이라고 하면
사람들이 말도 안 되는 얘기하지 말라고 하거든요. 그러면 오히려
노는 건 뭔지 질문하고 싶은 거예요. 제가 내일 사람들을 초대해서

스탬프를 찍고 노는 스탬프 데이를 하기로 했어요. 그리고 그걸 스탬프 판매를 위한 샘플로 쓸 거예요. 그럼 이건 일인가요, 놀이인가요? 저에게 일이란 그런 거예요. 중요한 건 나라는 사람이 무엇에 가장 재미를 느끼는지 아는 거라고 생각해요. 어떤 부분에 스스로 가장 효력을 낼 수 있는지 아는 것이요. 저라는 사람이 어떤 걸 깊게 탐구하고, 그걸 일로 연결시키는 것에 재미를 느낀다는 걸 스스로 잘 알고 있는 것처럼요.

'나'라는 사람을 발견할 수 있는 방법이 있을까요?

사람마다 가지고 있는 자산들이 있어요. 정말 반짝반짝한 자산들이요. 지금은 돌 같지만 가공하면 다이아몬드가 될 수 있는 채로 남겨져 있는 것도 분명히 있을 거예요. 저도 '내가 이런 능력이 있었어?' 하면서 발견하는 게 있거든요. 그런데 이건 해봐야 아는 것 같아요. 경험을 많이 해봐야 자신이 가지고 있는 자산을 캐낼 수 있는 기회를 얻을 수 있거든요. 아직까지도 저는 그 광산을 계속 캐고 있어요. 각자의 광산을 캐보시라는 말씀을 드리고 싶어요.

조재만&김한정

식스티세컨즈 대표

Date 2020.10.9 / Interviewer 모춘

"

일은 '삶에 중요한 균형감을 주는
하나의 파트'인 것 같아요. 일이라는
게 빠지면 또 인생이 재미없을 것
같아요.

누구십니까?

회사에서 항상 반대표를 던지는 사람, 왜 해야 되는지 묻는 사람, 대표 조재만이고요. 안살림 바깥 살림하는 브랜드 디렉터 김한정입니다.

왜 매트리스였는지부터 여쭤보고 싶습니다.

매트리스가 되게 재미있는 영역인 거예요. 일반 가구는 '물리'에 더 가깝거든요. 텍스쳐(texture)를 다루고, 구조를 짜고. 그런데 매트리스는 '화학'에 더 가까워요. 폼(foam)을 어떻게 구성할 거고 밀도를 어떻게 낼 것인지, 같은 과학의 영역이지만 전혀 다른 성질을 가지고 있는데 설명하는 언어가 너무 어려운 거죠. 저도 배우는 입장에서 되게 힘들었거든요. 이걸 우리가 디자인 혹은 라이프 스타일 관점에서 쉽게 풀어주는 브랜드가 되면 재밌겠다는 생각이 들었어요.

소규모 자본으로 시작하셨는데 시작할 때의 목표는 뭐였나요?

일종의 자아실현 같은 걸 생각했던 것 같아요. 더 늦기 전에 나의 색을 온전히 뿜어낼 수 있는 작업들을 해보고 싶었어요. 그렇게 시작하고 나서 고객들의 라이프를 들여다보니 불편한 것들이 보였고, 우리가 어떤 역할을 할 수 있을지를 생각하면서 지금까지 왔어요.

그러면 2013년도에 두 분이서 자사 몰로 시작하신 거네요.

초반 2년 정도는 온라인 자사 몰만 운영을 하고, 취급점 몇 개로
시작했어요. 고객들이 우리 제품을 직접 체험할 수 없으니, 어떻게
하면 온라인을 통해 우리 이야기를 잘 전달할 수 있을지 둘이 고민을
많이 했죠. 처음엔 매장이 없으니까 한동안 팝업 스토어를 열었고,
그때마다 좋은 성과들을 거뒀어요.

대치동이 첫 번째 쇼룸이었죠? 왜 오프라인 샵을 내셨는지.

저희가 계속 온라인으로만 하다가 2015년부터 신세계 백화점 팝업을
했어요. 그런데 백화점 팝업에서는 우리가 원하는 타이밍에 신제품을
내놓는다거나 의도한 대로 온전히 보여주는 데 한계가 있다고 느꼈죠.
그래서 외부 유통을 어느 정도 축소하고 우리 브랜드 색을 더 진하게
다지는 작업들이 필요하겠다는 결론을 내렸어요. 한편으로는 팝업을
할 당시 쇼룸은 어딨느냐고 물어보시는 분들을 집계해 봤거든요. 그
집객 수가 높아지기 시작해서 이제는 보여줄 때가 왔다 싶었죠.

그러면 이곳, 이태원에 두 번째 쇼룸을 내신 이유는요?

한 5년 동안은 제품 외에도 우리 브랜드의 배경이나 성장을 궁금해
하시는 분들이 많았어요. 하지만 우리 이야기를 할 수 있는 채널이
많지 않고, 고민하다가 전시를 열어서 한번 실험을 해봤어요. 전시를
통해 "현재 나에게서 무엇을 빼면 더 잘 쉴 수 있을까요?"라는 질문을

던졌죠. 전시하면서 느낀 건 여전히 우리가 궁금해서 찾아와
주시는 분들이 많다는 것과 브랜드의 중심 철학인 '좋은 쉼과 잠'을
재정의할 타이밍이 왔다고 체감했어요. 그런데 이야기를 풀어내기에는
기존 공간에 한계가 있다고 생각했어요. 그래서 1차적으로는
홈페이지를 리뉴얼했고 그 다음에 식스티세컨즈 라운지라는 공간을
만들게 되었죠.

공간에서 타사 제품을 큐레이션 하시기도 하는데,
어떤 기준으로 제품을 선택하시나요?
"좋은 잠, 좋은 휴식이란?"이라는 질문으로 먼저 내부 구성원들의
이야기들을 뽑아보고, 그 과정에서 나온 여러 가지 단어와 상황들을
정리했어요. 결국 도달한 결론은 저마다 느끼는 휴식은 진짜 사소한
것에서 비롯된다는 거였어요. 예를 들면, "자기 전에 나는 잠옷을 꼭
입어요. 그게 나한테는 어떤 의식 같은 거예요."처럼요. 각자 다른
휴식의 풍경에서 수집한 쉼과 잠에 필요한 도구들을 제안해 보자고 한
거죠.

'내 방식대로의 쉼'이라는 관점이 '내 방식대로의 일'을
이야기하는 모베러웍스랑 되게 닮아 있어요.
맞아요. 저희는 '내 방식대로 쉰다'라는 얘기를 해요.
저마다 일하는 방식이 다르듯이 쉬는 방법도 다르거든요. 그래서

우리가 제안할 수 있는 제품도 매트리스를 넘어서 다양해졌어요.
편안한 조도가 '쉼'인 사람에게는 어둠 속 작은 스탠드 하나 정도가
적당하고, 따뜻하게 덮는 이불로 안락함을 느끼는 사람 등 각자
느끼는 쉼의 모습에 따라 필요한 것들이 또 달라져요. 적당한 습도가
주는 쾌적함을 위해 습도계나 자기 전에 읽을 만한 책들을 제안할
수도 있는 거고. 이런 식으로 휴식의 도구들을 큐레이션하고 있어요.

쇼룸을 오픈하고 2년 정도 지났는데 지금은 어떠세요?

정말 재미있어요. 라운지라는 공간이 생기면서 여기서 많은 것들을 할
수 있는 기회들이 생겼어요. 다양한 브랜드와 협업하며, 저희가 움직일
수 있는 영역도 넓어졌고요.

식스티세컨즈를 좋아하는 분들에 대한 이야기도 궁금합니다.

어느 브랜드나 초기에 단단한 심지를 만들기 위해서는 응원 팀들이
있어야 되거든요. '너희 너무 좋아, 너네 이랬으면 좋겠어'라는
얘기를 끊임없이 해주는데, 그 말에 귀를 많이 기울이려고 했어요.
그렇게 브랜드를 만들어가다 보니 마니아들이 생겼고, 어느 순간
이 마니아들이 떠나도 그들의 영향력 때문에 또 다른 팬들이
생기더라고요. 저는 이 초기 마니아들을 잡지 못하면 사실 어느
누구도 잡을 수 없다고 생각을 해요. 너무 감사하게도 아직까지
저희를 지켜보며 응원해 주시는 분들이 많고, 덕분에 더 많은

사람들에게 알려졌다고 생각해요.

사업하신 지 7년 지나니까 어떠세요?

아이를 키우는 것과 브랜드를 키우는 것이 유사점이 많아요. 안팎으로 상호 보완적인 것들도 많이 생겼고, 마음도 전보다는 조금 여유로워진 것 같아요. 어떻게 해야 회사가 성장할지에 대한 고민은 여전히 많지만요.

가장 힘드셨던 때는요.

개인적으로는 2019년이 진짜 힘들었어요. 회사가 갑자기 덩치가 커지고 조직에 변화가 생기던 시점이었어요. 회사가 성장하면 조직 문화도 달라져야 되는데, 말 그대로 문화이기 때문에 단숨에 바뀌지 않아요. 내부 구성원들과 대화도 많이 해야 되고요. 그런데 바빠지니까 충분히 대화를 갖지 못하면서 구성원들 간에 생각의 격차들이 생기더라고요. 딱히 누가 뭘 잘못하지 않았는데 분위기가 이상해지는 거예요. 바뀐 조직에 맞춰 재정비하기까지 시간이 많이 걸렸어요.

앞으로의 식스티세컨즈에 대해서 말씀해 주신다면.

버티기가 답인 것 같아요. 큰 방향성을 가져가야 되는 건 맞는데 그때그때 계속 촉을 세우고 지금 단계에서 필요한 게 무엇인지를

고민하면서 가는 게 더 중요한 것 같아요. 어떻게 보면 우리도
그동안 다양한 시도를 해보고 실패도 진짜 많이 했어요. 2-3년
단위로 비슷한 상황이 생기기도 해요. 그럴 땐 '우리 그때 해보니까
안 맞더라, 그러니까 하면 안 돼'라는 생각도 들지만 '그때는 틀리지만
지금은 맞지 않을까?'라고 하면서 한 번 더 해보기도 하고. '역시나
안 되는 구나' 이런 것도 있고. 지금 뭔가를 정하기보다 우리에게
맞는 핏(fit)을 맞춰가다가 자연스럽게 어떤 모습이 되어 있는 방향도
괜찮은 것 같아요.

일이란 뭘까요?

어릴 때 전 일만 하고 살았어요. 놓친 것들이 진짜 많더라고요. '내가
좋아하는 건 뭐지? 난 어떤 사람이지? 어떤 곳에서 편안함을 느끼지?'
나에 대한 고민을 많이 안 했던 거 같은데 고맙게도 식스티세컨즈를
하면서 그런 것들을 생각할 수 있는 기회들이 많아졌어요.
'우리 브랜드가 쉼에 대해서 이야기를 하는데 나는 어떻게 살고 있지?'
이런 생각을 계속 곱씹다 보니 일의 비중이 전체 생활로 봤을 때
3분의 1 정도로 확 줄더라고요. 3분의 1은 일, 3분의 1은 가족이나
아이들 그리고 나머지 3분의 1은 나. '나'라는 영역이 생기니까 너무
좋았어요. 일이 중심일 때는 직장의 호흡을 따라가기 바쁘다 보니까
몸을 거기에 맞추면서 살았던 거예요. 탁 내려놓고 보니까 '아니네?
나 이런 거 되게 좋아했었네?' 하면서 깨닫게 되는 것들이 생겼어요.

그러면서 일이 더 재미있어진 것 같아요. 순환이 되니까. 회사에서 안 풀리는 문제들이 있으면 집에 가서 딸들한테 얘기하는 거예요. 그러면 자기의 언어로 답을 해주는데 거기서 해소가 되는 부분도 있어요. 애들 때문에 스트레스 받는 게 있을 때는 회사에서 일하면서 풀리는 게 또 있고. 일은 '삶에 중요한 균형감을 주는 하나의 파트'인 것 같아요. 일이라는 게 빠지면 또 인생이 재미없을 것 같아요.

마지막으로 해주고 싶은 말씀이 있다면.

모춘님이 처음 유튜브 하면서 일을 시작할 때 "내가 어떻게 살고 싶냐면"으로 시작하는 게 진짜 좋았거든요. 일에 대한 정의를 다시 하는 거라고 생각했어요. 본인이 일의 정의, 일하는 방식, 역할 같은 것들을 스스로 결정하고, 또 그렇게 하는 캐릭터들이 생겨나고 있는 게 요즘 시대의 긍정적인 흐름인 것 같아요. 사회가 더 다양성 있게 바뀐다는 신호 아닐까요? 시대가 다양해지는 만큼 롤 모델을 찾기가 어려운데 모티비분들이 하나의 좋은 사례를 보여주고 있다고 생각해요. 처음부터 지켜봐 온 모쨍이로서 응원합니다.

김병기

프릳츠 커피 대표

Date 2020.9.23 / Interviewer 모춘

"

창업자들이 처음에만 느낄 수
있는 조직의 반짝반짝한 순간들이
있잖아요. 가능하면 이 시기를
즐겼으면 좋겠어요. 주위 선배들
조언 듣지 마시고요.
심지어 이 조언까지도요.

누구십니까?

안녕하세요. 커피 일 하고 있는 김병기입니다.

원래도 계속 커피 일을 해오신 건가요?

영어영문학과에 들어갔는데 적성에 안 맞는 거예요. 그래서 좋아하는 신문방송학 복수 전공하고 스포츠 기자 일을 했어요. 커피 일을 시작한 건 서른, 서른하나.

스포츠 기자에서 커피로 방향을 튼 이유가 있으신가요?

틀었다기보다는 전에 있던 회사가 없어졌어요. 쉬는 동안 커피를 만나게 됐는데 그때 폭 빠졌죠. 약간 지적 허영 같은 게 있었던 것 같아요. 노동 운동이나 학생 운동에 관심이 많았는데 그때 공정 무역을 설명하는 책들을 읽을 기회가 있었어요. 그런 일을 하면 제가 생각하는 좋은 세상 만드는 데 도움이 될 것 같고, 근사할 것 같아서 시작하게 됐죠.

시작할 때의 목표는요.

생존이죠. 저희 나름대로의 거창한 이념은 있었는데 구현되려면 생존이 뒷받침되어야 하니까 아주 근원적인 목표는 생존이었죠. '먹고 산다'라는.

프릳츠의 브랜딩은 어떻게 만들어지게 되었나요?

'한국' 카페를 만들고 싶었어요. 당시 대부분의 사람들이 '포틀랜드의
어디 느낌, 런던의 어디 느낌이 났으면 좋겠어'라는 식으로
만들었어요. 저는 '한국에 있는 카페처럼 하고 싶어'라는 감각이
있었어요. 또 하나는 저희에게 오시도록 하는 장치가 필요했어요.
일단 오시기만 하면 자신 있었거든요. 공간의 힘이라든지, 저희가
만들어내는 빵이나 음료의 힘이라든지, 바리스타의 친절이라든지
다양한 매력으로 설득할 수 있다고 생각했어요. 사람을 끌어당기는 게
디자인이라고 생각했고, 그걸 브랜딩이라고 표현하는 것 같아요. 사실
브랜딩이라는 말을 몰랐어요. 나중에 알았어요.

브랜딩 제일 잘하고 계신 것 같은데요.

브랜딩에 대해서 강연해 달라고 요청해 주셔서 브랜딩이란 게 뭔지
처음 찾아봤어요. 저희한테는 생존에 필요하다고 생각해서 했던
요소인데 '알게 모르게 하고 있었구나' 하는 생각이 들더라고요. 근데
엄청 중요하게 생각했어요. 저는 '자발적인 확대 재생산'만큼 아름다운
일이 없다고 생각하는데요. 브랜드에 대한 호감을 넘어서 다른
사람한테 알리고 싶은 마음이 들 정도가 된다면 브랜딩을 잘한 거죠.

**인터널 브랜딩을 굉장히 중요하게 생각하신다고 들었어요.
구성원들이 들어오고 교육을 할 때 어떤 내용을 다루시는지
궁금합니다.**

'직업인 교육'이라는 게 있어요. 바깥에서 보는 프릳츠와 내부에서
경험하는 프릳츠가 다를 수 있다고 생각해요. 저는 '10번 버스'라는
표현을 쓰는데요. 저희가 가고자 하는 특정한 노선이 있고 그 노선에
대해 미리 얘기를 하고 동의를 구해요. 우리가 이 길을 가는 것에
대해서 동의하시는지, 동의하지 않으면 벨을 누를 수 있어요. 일하는
방식에 대한 핏을 맞추는 거죠.

프릳츠는 어떻게 일하나요?

우리가 흔히 얘기하는 '워라밸'이라는 표현에서 물론 라이프가 가장
중요하다고 생각해요. 그런데 워크의 비중이 다른 사람보다 큰
사람들이 있어요. 저희가 그래요. 요즘은 일 좋아하고 일을 애써서
하고 일에서 만족감을 느끼면 일 중독자? 주위 사람들 힘들게 하는
사람? 혼자 튀려고 하는 사람? 이런 시선들도 있잖아요. 그래서
편하게 드러내기 힘들 수도 있는데 저는 그냥 그런 사람인 것 같고
그걸 드러내는 데 부끄러움이 없어요. 저희가 그렇게 일을 한다고
설명해 드리는 게 직업인 교육이고요.

브랜드를 만드는 것과 조직 운영은 또 다른 문제 같아요.

정말 그래요. 같이 일하는 허민수 셰프가 썼던 표현인데, 저는 바퀴를 만드는 걸 좋아했던 사람이었는데 이제는 바퀴를 만드는 것보다 바퀴를 굴리는 게 더 중요해진 거예요. 바퀴를 망가뜨리기 전까지는 멈출 수도 없고요. 멈추지도 못하는 외발자전거를 타는 느낌이랄까요.

개인적으로 힘들지는 않으세요?

엄청 힘들어요. 저는 바퀴를 만드는 게 좋은 사람이에요. 커피 한 잔 내려드리면 정말 기분이 좋아요. 제가 머릿속에서 긋고 싶다고 생각했던 선이 그대로 그어진 느낌이에요. 정말 순수하게 기분이 좋아요. 근데 이 기쁨을 다른 친구도 느낄 수 있게 하거나 이걸 통해서 생계를 해결하는 구조를 만드는 건 정말 어려운 일 같아요.

선을 그대로 긋는다는 게 멋진 표현이에요.

저는 이게 높은 수준의 성취라고 믿었어요. 제 시간을 들여서 해낼 수 있는 성취예요. 근데 회사를 한다는 건 전혀 다른 문제더라고요. 어떻게 보면 더 높은 수준의 성취라는 생각도 들어요. 이 사람도 그런 마음이 들게 해야 하고, 저 사람도 그런 마음이 들게 해야 하고, 그래서 우리가 가고자 하는 방향으로 함께 가야 되잖아요. 경영이라는 게 다른 사람과 함께하는 법을 배우는 것 같아요.

**편하게 일하고 싶은 마음도 있고, 작업을 인정받고 싶기도 하고
두 개의 감정이 충돌하니까 망설이면서도 일을 키우게 돼요.
결국엔 자기 선택인 것 같기도 하고요.**

거기에 옳고 그름이 어디 있겠어요. 저는 선택했으면 옳게 만들어요.
실패했으면 '아, 실패했구나' 하면서 빨리 다음 거 하고. 장고 끝에
악수 둔다고, 긴 고민보다는 빠르게 해보고 빠르게 실패하는 게
조직적으로 정비하고 갖춰나가는 데 도움이 되는 것 같아요.

앞으로의 프릳츠는 어떨까요?

프릳츠는 작은 회사지만 이념이 있어요. '동기 부여가 잘된
사람들의 공동체'. 동기 부여라는 게 자발적 생산성, 공동체라는 게
안정감이라고 생각해요. 공동체에는 안정감을 드리고, 안정감을
통해서 자발적 생산성이 나오고, 훌륭한 성취로 다시 공동체에
안정감을 드리는 선순환 구조를 만들고 싶어요.

일에 대한 생각이 궁금해요.

일이 뭘까, 사실 정의도 안 했거든요. 근데 힘드니까 일에 대해 자꾸
정의하고 싶은 거예요. 옛날에는 일에 대해서 따로 정의할 필요가
없었어요. 그냥 하는 거. 왜냐면 이거 하면 재밌을 거 같거든. 그리고
막상 해보니까 또 재밌거든. 여기서 오는 만족감이 꽤 크고, 이걸 하는
행위 자체만으로도 즐거웠죠. 그런데 지금은 어떤 책임이 주어지고

어려움이 생기니까 거꾸로 자꾸 물어보게 되는 거예요. 내 삶에서
일이란 뭘까.

결론은 뭐였나요?

정의 못 했어요, 결국에는. 제 DNA에 그걸 좋아하는 게 있구나, 정도.

일을 잘하고 싶은데 뭐를 잘하고 싶냐고 하면 잘 모르겠어요.

저도요. 뭘 잘하고 싶냐고 하면 모르겠어요. 그냥 뭐든 하기로 했으면
잘하고 싶어요. 커피를 내리기로 결정했으면 커피 잘 내리고 싶고
대표 역할도 잘 해내고 싶어요. 잘 해내고 싶은 마음은 제 DNA에
있으니까. 그런데 그게 스스로를 힘들게 하는 건 아닌가 하는 그런
생각도 해요. 그런데 결국 내가 선택한 거잖아요. 다른 사람이 등 떠민
것도 아니고. 빨리 받아들여야죠. 그게 제가 했던 그나마 적극적인
행동이었어요. 빨리 받아들이고 다른 걸 하자. 잘하고 싶은 마음이
나를 어딘가로 이끄는데 마냥 기쁨만 주는 거 같진 않아요. 저는
그것도 받아들였어요. 그래도 사회 구성원으로서 제 몫은 하고 싶다,
최소한의 의무는 해내고 싶다. 회사를 시작했으면 책임감 있게 해내고
싶다는 정도의 마음이죠.

마지막으로 조언을 해주신다면.

창업자들이 처음에만 느낄 수 있는 조직의 반짝반짝한 순간들이

있잖아요. 지금 모베러웍스가 그 시기라고 생각해요. 창업자들의 순수한 에너지가 넘치고, 사람들이 그 반짝반짝함에 처음으로 눈 돌리기 시작하는. 지나고 나면 청춘을 돌아보듯이 이 시기가 너무 빛날 거예요. 가능하면 이 시기를 즐겼으면 좋겠어요. 주위 선배들 조언 듣지 마시고요. 심지어 이 조언까지도요.

프리워커를 위한
열 권의 책
Curated by
Mobetterworks

모베러웍스를 만들며 영향받은
책 열 권을 소개한다. 우리가 일하는
방식과 태도, 바라보는 일의 가치와
추구하는 이상에 큰 영감을 주었다.
이 시대의 프리워커들에게 추천한다.

자유론

존 스튜어트 밀 | 현대지성 2018

모베러웍스의 뿌리가 된 생각, '자유'에 대한 고전이다.

자유라는 가치에 대해 깊게 성찰해 보고 싶은 사람에게 추천한다.

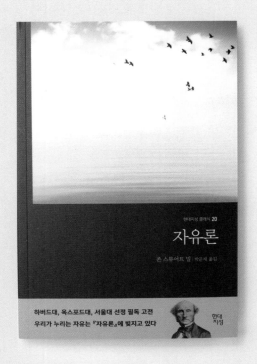

지적자본론

마스다 무네아키 | 민음사 2015

'일하는 방식을 제안하는 것', '메시지를 파는 것',
'모든 사람이 디자이너이자 기획자가 되는 것'.
모베러웍스의 많은 부분이 이 책의 영향을 받았다.

知的資本論 ——
すべての企業が
デザイナー集団になる未来

모든 사람이
디자이너가 되는 미래

지적자본론

마스다 무네아키
이정환 옮김

민음사

권외편집자

츠즈키 쿄이치 | 컴인 2017

100권의 책을 읽는 것보다 100번 읽은 책 한 권의 중요성에 대해
이야기하는 권외편집자 츠즈키 쿄이치로부터 '비주류적' 사고방식을 배웠다.

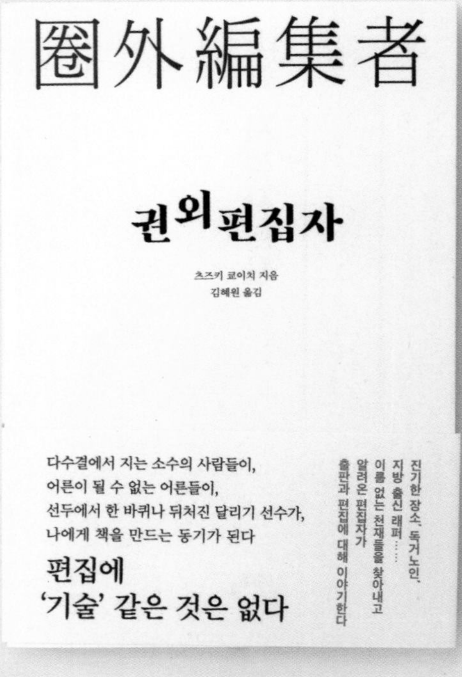

圏外編集者

권외편집자

츠즈키 쿄이치 지음
김혜원 옮김

다수결에서 지는 소수의 사람들이,
어른이 될 수 없는 어른들이,
선두에서 한 바퀴나 뒤처진 달리기 선수가,
나에게 책을 만드는 동기가 된다

편집에
'기술' 같은 것은 없다

진기한 장소, 독거노인,
지방 출신 래퍼 …
이름 없는 천재들을 찾아내고
알려온 편집자가
출판과 편집에 대해 이야기한다

직업으로서의 소설가

무라카미 하루키 | 현대문학 2016

'직업인으로서 일을 바라보는 태도는 어때야 하는가?'에 대한

무라카미 하루키식 현답을 들을 수 있는 책.

직업의 종말

테일러 피어슨 | 부키 2017

우리는 왜 일을 하는 것일까? '당신의 경력에서 가능한 한 빠른 시기에 자유와 의미를 추구하라'는 테일러 피어슨의 말은 긴 여운을 남긴다.

규칙 없음

리드 헤이스팅스, 에린 마이어 | 알에이치코리아 2020

통제와 규칙을 없애고 맥락으로 직원을 이끄는 넷플릭스의 문화에 대한 책.
'자유와 책임'에 기반한 기업 문화의 교과서라고 해도 모자람이 없다.

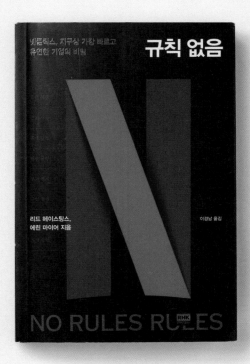

도쿄R부동산 이렇게 일 합니다

바바 마사타카, 하야시 아쓰미, 요시자토 히로야 | 정예씨 2020

규모보다 영향력을 추구하며, 좋아하는 일을 직업으로 만든
도쿄R부동산의 이야기. 재미있게 일하고 담대하게 살아남는 법을 일러준다.

디앤디파트먼트에서 배운다,
사람들이 모여드는 '전하는 가게' 만드는 법

나가오카 겐메이 | 에피그람 2014

디앤디파트먼트를 만든 나가오카 겐메이는 '무엇을 파는가'라는
질문에 대해 '제작자의 생각을 전하는 것'이라 답한다.

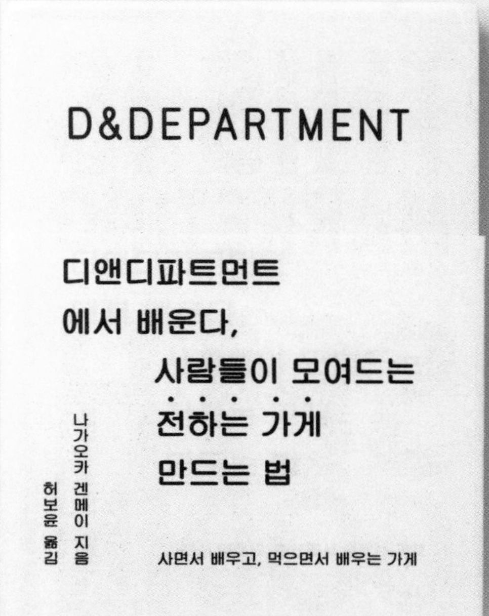

D&DEPARTMENT

디앤디파트먼트
에서 배운다,
사람들이 모여드는
전하는 가게
만드는 법

나가오카 겐메이 지음

허보윤 옮김

사면서 배우고, 먹으면서 배우는 가게

마케팅이다

세스 고딘 | 쌤앤파커스 2019

흔한 마케팅 서적이라고 오해하고 놓쳐선 안 될 책.

세계적인 마케팅 구루, 세스 고딘의 통찰이 한 권에 농축되어 있다.

뉴타입의 시대

야마구치 슈 | 인플루엔셜 2020

예측이 불가능해진 시대, 우리의 사고와 행동은 어떻게 변화해야 할까?
올드 타입의 틀을 깨는 뉴타입 사고방식이 궁금한 사람들에게 추천한다.

프리워커스

1판 1쇄 발행 2021년 5월 1일
1판 9쇄 발행 2022년 5월 3일

지은이	모빌스그룹
발행인	양원석
편집장	차선화
책임편집	이슬기
디자인	모빌스그룹, 김련수
영업마케팅	윤우성, 박소정, 김보미

펴낸 곳	㈜알에이치코리아
	서울시 금천구 가산디지털2로 53, 20층 (가산동, 한라시그마밸리)
편집문의	02-6443-8916
도서문의	02-6443-8800
홈페이지	http://rhk.co.kr
등록	2004년 1월 15일 제2-3726호

ISBN   978-89-255-8866-7 (03320)